Das große Häkelmuster 1x1

Eva Winckler

Die schönsten NOPPEN MUSTER

Band 3

CV

Inhalt

Einleitung

Muster

Modelle

Vorwort

Noppenmuster

Noppenmuster gehören zu den Strukturmustern. Sie geben den Häkelmodellen Volumen, sind fröhliches Detail oder bilden ein Motiv. Wie vielfältig sie sind und wie viele Varianten es gibt, hat mich allerdings selbst überrascht, als ich mit der Recherche für dieses Buch begann. Noppen aus Luftmaschen? Die kannte ich bisher noch nicht.

Während der erste Teil dieses Bandes 20 verschiedene Noppenmuster vorstellt, gibt es im zweiten Teil 12 Modelle aus dem Bereich Mode und Home zu entdecken. Hier werden einige der Muster aus dem ersten Teil aufgegriffen.

Die meisten Muster und Modelle sind mit einem mittleren Schwierigkeitsgrad angegeben, aber mithilfe von Häkelschrift und Textbeschreibung für jedes Muster sollten sich auch Häkelanfänger an neue Herausforderungen trauen können.

Ich wünsche Ihnen nun viel Spaß beim Stöbern und entspannte Häkelstunden!

Über die Autorin

Eva Winckler ist gebürtige Rheinländerin und lebt seit fast 10 Jahren mit ihrem Mann und den beiden Söhnen im ländlichen Niedersachsen. Inspiration findet sie überall: ein feines Garn, eine ansprechende Farbpalette, internationale Modelabels oder Muster der Natur.
Ihr Ziel ist es, das richtige Muster mit dem richtigen Garn zu einem modernen Design zu verbinden. Die Buchautorin entwirft für Zeitschriften und Garnhersteller und bietet Anleitungen auf Ravelry unter EvaWinckler an. Einen Einblick in aktuelle Projekte und Ideen findet man auf Instagram unter eva_winckler.

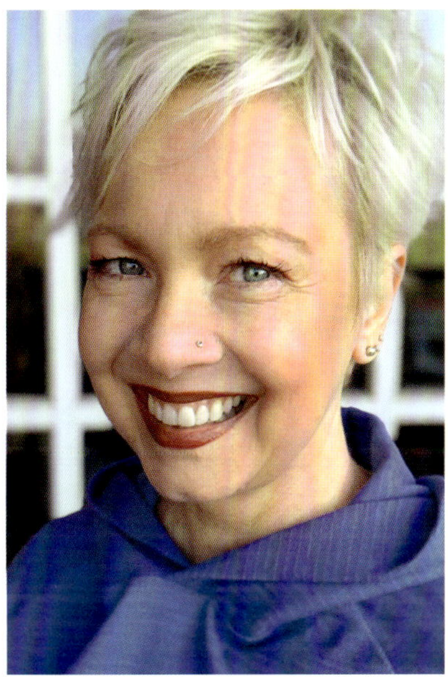

Noppen und Noppenmuster

Als Noppe werden unterschiedliche Arten von Maschengruppen bezeichnet. Dazu zählen zusammen abgemaschte Stäbchen oder auch Doppelstäbchen, Popcorn-Maschen, Büschelmaschen, aber auch senkrechte Noppen oder Noppen aus Luftmaschen. Sie können dicht aneinandergereiht als kompakte Muster daherkommen, aber ebenso Musterelemente luftiger Netz- oder Lacemuster sein.

Innerhalb dieser Noppenarten gibt es zusätzliche Varianten. Ändert man z.B. die Anzahl der zusammen abgemaschten Stäbchen, erhält man eine kleinere oder größere Noppe. Auch die benachbarten Maschen direkt neben den Noppen spielen eine Rolle. In einem Muster aus festen Maschen tritt eine Noppe z. B. stärker hervor als in einem Muster aus Stäbchen.

Außerdem sollte man berücksichtigen, ob die gewählte Noppenart in Hin- oder Rückreihen gearbeitet wird, damit sie sich auf der Vorderseite zeigt. Größere Noppen wie beispielsweise die im Rautennetz-Muster auf Seite 28 lassen sich nach dem Arbeiten zudem mit dem Finger zur Vorderseite hin stülpen.

Zunahmen und Abnahmen

Noppen entstehen in der Regel dadurch, dass Zunahmen und Abnahmen übereinander platziert werden. Diese können in derselben Reihe oder um eine oder mehreren Reihen versetzt gearbeitet werden.

Zunahmen

Um eine oder mehrere Maschen für eine Noppe zuzunehmen, werden zwei oder mehr Maschen in die Masche der darunterliegenden Reihe oder Runde gehäkelt, also in dieselbe Einstichstelle. In der Häkelschrift laufen dann zwei oder mehr Einzelmaschen v-förmig unten zusammen.

Abnahmen

Laufen die Einzelmaschen hingegen oben zusammen, werden die dargestellten Maschen zusammen abgemascht, das heißt zusammengehäkelt. Das können gleiche Maschenarten oder auch verschiedene sein. Für alle gilt, dass die angegebenen Maschen nur so weit gehäkelt werden, bis für jede Masche noch eine Schlinge plus die Arbeitsschlinge auf der Nadel liegen. Mit einem letzten Umschlag wird dann abschließend der Faden durch alle Schlingen gezogen.

Die jeweils verwendete Noppenart wird bei jedem der vorgestellten Muster und Modelle sowohl in der Musterbeschreibung als auch in der Zeichenerklärung zur Häkelschrift vollständig beschrieben.

Besondere Techniken

Einige besondere Häkeltechniken, die in den vorgestellten Mustern und Modellen zum Einsatz kommen.

Fadenring

Den Faden zur Schlinge legen, einstechen, Faden um die Nadel legen, diesen Umschlag durchziehen. Den Fadenring noch nicht festziehen. Den Arbeitsfaden um den linken Zeigefinger legen. Abb 1.

Den Kreuzpunkt des Fadenrings mit Daumen und Mittelfinger festhalten und die Maschen laut Anleitung um den Fadenring herum arbeiten (hier sind es feste Maschen). Die Runde mit einer Kettmasche in die erste Masche schließen und den Fadenring am Anfangsfaden zuziehen. Abb 2.

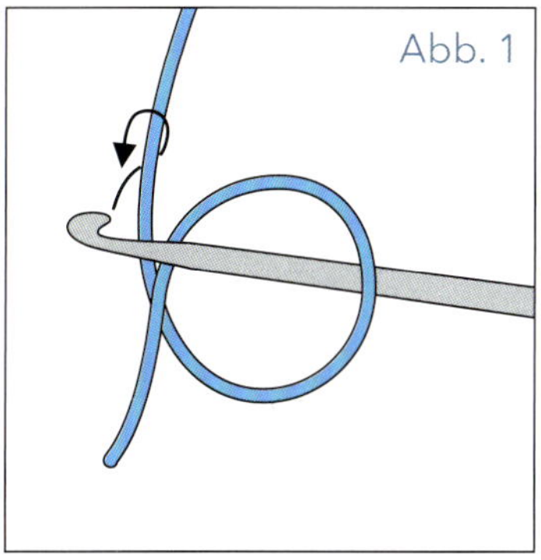

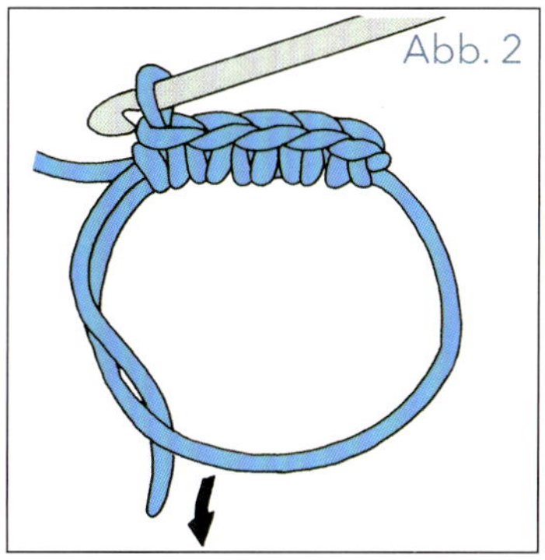

Geschlossene Runden

Um feste Maschen in geschlossenen Runden zu arbeiten, jede Runde mit 1 zusätzlichen Steigeluftmasche beginnen und mit 1 Kettmasche in die 1. feste Masche schließen.

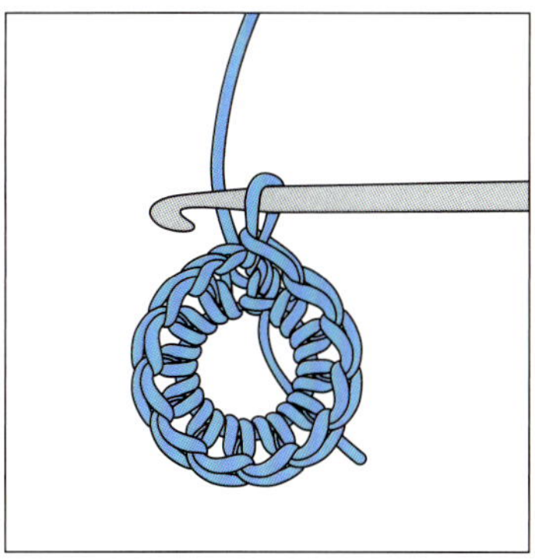

Geschlossene Runden können nicht nur in den Fadenring, sondern auch über eine geschlossene Luftmaschenkette gearbeitet werden. Anstatt in die Mitte des Fadenrings wird dann in jede Luftmasche eingestochen. Der Rundenschluss erfolgt auch hier durch 1 Kettmasche in die oberste Steigeluftmasche.

Natürlich lassen sich auch alle anderen Maschen entsprechend in Runden häkeln. Die Anzahl an Steigeluftmaschen zum Aufsteigen in die nächste Runde hängt wie beim Arbeiten in Hin- und Rückreihen von der Art der darauffolgenden Maschen ab:

Wendeluftmaschen bzw. Steigeluftmaschen

Am Ende einer Reihe werden Wendeluftmaschen gehäkelt, um die Arbeit auf die Höhe der nächsten Maschenreihe zu bringen. Wie viele Luftmaschen benötigt werden, hängt von der Maschenart ab und wird jeweils in der Anleitung erwähnt. Bei höheren Maschenarten ersetzen die Wendeluftmaschen die erste Masche der Reihe, es wird also erst in die zweite Masche eingestochen und am Reihenende die letzte Masche in die oberste Wendeluftmasche gearbeitet. Beim Arbeiten in Runden spricht man von Steigeluftmaschen, das Prinzip ist dasselbe.

Als Faustregel gilt:
Feste Maschen: 1 Wende- bzw. Steigeluftmasche, einstechen in die 1. Masche der Vorreihe/-runde.
Halbe Stäbchen: 2 Wende- bzw. Steigeluftmasche, einstechen in die 1. oder 2. Masche der Vorreihe/-runde.
Stäbchen: 3 Wende- bzw. Steigeluftmasche, einstechen in die 2. Masche der Vorreihe/-runde.
Doppelstäbchen: 4 Wende- bzw. Steigeluftmasche, einstechen in die 2. Masche der Vorreihe/-runde.
Dreifachstäbchen: 5 Wende- bzw. Steigeluftmasche, einstechen in die 2. Masche der Vorreihe/-runde.

Gewendete Runden

Je nach Muster kann es ab und an nötig sein, in gewendeten Runden zu arbeiten. Dadurch wird verhindert, dass der Rundenanfang aufsteigend von Runde zu Runde diagonal durch das Muster wandert. Prinzipiell wird auf die gleiche Weise gearbeitet wie bei geschlossenen Runden, jede neue Runde beginnt also mit einer zur Größe der Maschen passenden Anzahl an Steigeluftmaschen und schließt nach der letzten Masche mit einer Kettmasche in die oberste Steigeluftmasche des Rundenbeginns, dann aber wird die Arbeit gewendet und die folgende Runde in entgegengesetzter Richtung fortgesetzt. Entsprechend hat man dann einmal die Außenseite und einmal die Innenseite der Arbeit vor Augen. Damit gleicht sich der verschiebende Effekt des Rundenbeginns aus.

Fußschlingenanschlag

Dieser elastische Anschlag kommt ohne Luftmaschenkette aus. Man beginnt mit 2 Luftmaschen, dann in die zweite Luftmasche ab Nadel einstechen, den Faden durchziehen und mit einem Umschlag zuerst eine Schlinge, dann mit einem weiteren Umschlag die letzten beiden Schlingen abmaschen. Für jede weitere feste Masche in das untere Maschenglied der vorhergehenden festen Masche einstechen.

Variante beim Abmaschen

Bei einigen der Noppen in diesem Buch wird eine Variante des üblichen Abmaschens verwendet. Zu erkennen sind diese an den Häkelsymbolen mit einem kleinen Kreis anstelle eines waagerechten Strichs oben am jeweiligen Symbol (siehe z.B. 2er- und 4er-Büschelmasche im Muster Perlen und Muscheln auf Seite 26). Hier wird im letzten Schritt der Faden durch alle Schlingen bis auf die letzte und die Arbeitsschlinge gezogen und erst mit einem weiteren Umschlag durch diese letzten beiden Schlingen. Diese Variante des Abmaschens sorgt für eine besonders aufrechte Noppe mit einem kleinen Maschenkopf.

Muster- und Modellanleitungen

Für jede Häkelanleitung gilt: Bitte alles erst einmal durchlesen! Damit gewinnt man einen Überblick über das Projekt und wird nicht mittendrin unerwartet überrascht.

Im Musterteil werden alle Noppenmuster sowohl durch Häkelschrift als auch durch ausgeschriebene Textanleitung beschrieben. Beide Darstellungen können sich bei Unklarheiten gut ergänzen. Bei jedem Muster werden die Maschenzahl des Rapports, dann die Anfangs- und Endmaschen und die Wendeluftmaschen angegeben, und schließlich, welche Reihen wiederholt werden. Damit lässt sich das Muster auch leicht für eigene Häkelprojekte verwenden.

Häkeln nach ausgeschriebenem Text

Im Text werden die Muster Reihe für Reihe und Masche für Masche ausgeschrieben. Der Rapport steht zwischen Sternchen * *, kleinere Wiederholungen zwischen [ ], dann folgt die Angabe, wie oft wiederholt wird. Abschließend findet man noch die Angabe, welche Reihen in der Höhe wiederholt werden.

Häkeln nach Häkelschrift

In Häkelschriften werden Hin- und Rückreihen oder Runden gezeichnet. Wie die Symbole einer Häkelschrift zu lesen sind, wird in der Zeichenerklärung unter der Häkelschrift angegeben. Gut darauf achten, ob das Muster mit einer Hin- oder Rückreihe beginnt!

Häkelschriften immer in Häkelrichtung lesen, also Hinreihen von rechts nach links und Rückreihen von links nach rechts. Man kann sich dabei leicht an der Position der Reihennummer orientieren. Ziffern rechts neben der Häkelschrift markieren Hinreihen, Ziffern links neben der Häkelschrift Rückreihen. Bei Häkelschriften für ein in Runden gehäkeltes Muster stehen alle Ziffern an den Steigeluftmaschen, die in die neue Runde hinaufführen.

In Hinreihen mit der oder den Wendeluftmaschen und den Maschen vor dem rechten Pfeil beginnen, dann den Rapport zwischen den Pfeilen wiederholen und mit den Maschen nach dem linken Pfeil enden. In allen Rückreihen die Häkelschrift entsprechend von links nach rechts lesen. Unter der Häkelschrift wird angegeben, welche Reihen wiederholt werden.

Musterdarstellungen im Modellteil und im Musterteil

Im Musterteil werden alle vorgestellten Muster in Hin- und Rückreihen in ihrer Grundform gerade hoch beschrieben. Der Modellteil zeigt dann, was man aus diesen Grundmustern machen kann oder wie sie in einem Modell mit eigener Formgebung eingesetzt werden können. Diese Beispiele sollen auch gerne dazu animieren, selbst mit den Mustern kreativ zu werden.

Folgende Abkürzungen werden verwendet:				
	M	= Masche(n)	Luftm	= Luftmasche(n)
	R	= Reihe(n)	Kettm	= Kettmasche(n)
	Rd	= Runde(n)	Büschelm	= Büschelmasche(n)

Tupfenmuster

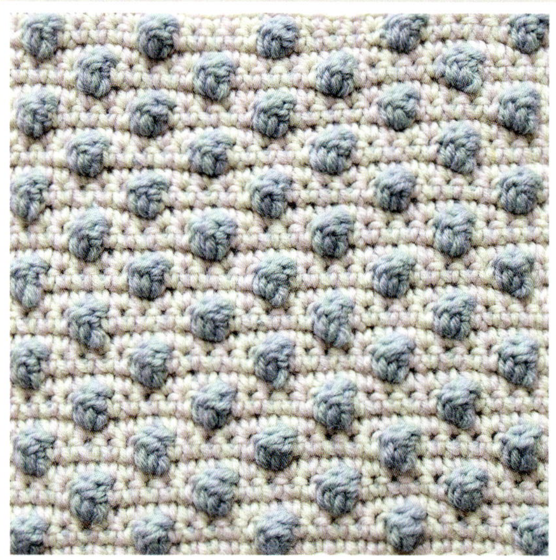

Schwierigkeitsgrad einfach
Kategorie Muster aus festen Maschen mit farbigen Noppen aus zusammen abgemaschten Stäbchen

Maschenzahl teilbar durch 6 + 5 M + 1 Wende-Luftm. Die Wende-Luftm dient nur dem Aufsteigen in die nächste Reihe und trägt nichts zur M-Zahl bei.

Noppe: 3 zusammen abgemaschte Stäbchen in dieselbe Einstichstelle häkeln.
Hinweis: In Rückreihen gehäkelte Noppen stülpen sich auf die Vorderseite. Beide Farben werden durchgängig mitgeführt, der jeweils nicht genutzte Faden wird dabei umhäkelt. Beim Farbwechsel wird die letzte Masche mit der jeweils neuen Farbe abgemascht.

HÄKELN NACH MUSTERBESCHREIBUNG

Die Luftmaschenkette als Anschlag mit **Farbe A** arbeiten. Dann die **Farbe B** stets mitführen. Alle festen Maschen werden mit der Farbe A gearbeitet, dabei wird der ungenutzte Faden der Farbe B umhäkelt. Die Noppen werden stets mit der Farbe B gehäkelt, dabei wird der ungenutzte Faden der Farbe A umhäkelt.

1. Reihe (Hinreihe): 1 feste M in die 2. M ab Nadel, je 1 feste M in alle M.
2. Reihe (Rückreihe): 1 Wende-Luftm, 2 feste M, 1 Noppe (= in Farbe B 3 zusammen abgemaschte Stäbchen in dieselbe M), * 5 feste M, 1 Noppe; ab * stets wiederholen, 2 feste M.
3. Reihe: 1 Wende-Luftm, je 1 feste M in alle M.
4. Reihe: 1 Wende-Luftm, 5 feste M, * 1 Noppe, 5 feste M; ab * stets wiederholen.
5. Reihe: 1 Wende-Luftm, je 1 feste M in alle M.

Die 1. – 5. Reihe 1x arbeiten, dann die 2. – 5. Reihe stets wiederholen.

HÄKELN NACH HÄKELSCHRIFT

In der Häkelschrift sind Hin- und Rückreihen notiert.

In den Hinreihen mit den M vor dem rechten Pfeil beginnen, den Rapport zwischen den Pfeilen stets wiederholen und mit den M nach dem linken Pfeil enden.

In den Rückreihen die M entsprechend von links nach rechts lesen.

Die 1. – 5. Reihe 1x arbeiten, dann die 2. – 5. Reihe stets wiederholen.

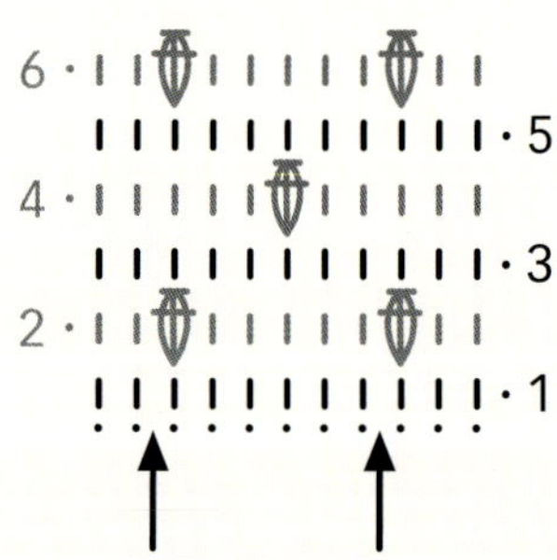

Zeichenerklärung:
· = 1 Luftmasche
ı = 1 feste Masche
= 1 Noppe (= 3 zusammen abgemaschte Stäbchen in dieselbe Einstichstelle)

Blüten-Granny

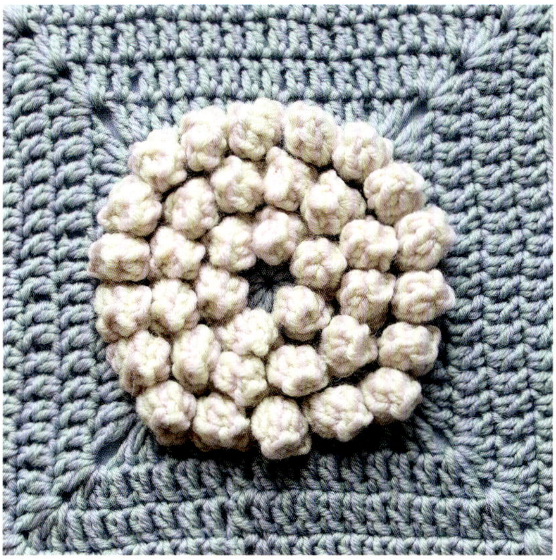

Schwierigkeitsgrad mittel
Kategorie klassisches Granny mit Blüte aus Popcorn-Maschen

Noppe (= 5er-Popcorn-M): 5 Stäbchen in eine M arbeiten. Die Nadel aus der Arbeitsschlinge nehmen und von vorne nach hinten in das 1. Stäbchen stechen, die Arbeitsschlinge wieder aufnehmen und durchziehen.
Hinweis: Eine Rd aus festen M beginnt mit 1 Steige-Luftm, die selbst nichts zur M-Zahl beiträgt, eine Rd aus Stäbchen mit 3 Steige-Luftm, die bereits das 1. Stäbchen ersetzen. Es wird in geschlossenen Rd gehäkelt, die stets mit 1 Kettm in die oberste Steige-Luftm geschlossen werden.

HÄKELN NACH MUSTERBESCHREIBUNG

Mit der **Farbe A** einen Fadenring legen.

1. Runde: 3 Steige-Luftm, 11 Stäbchen in den Ring häkeln, 1 Kettm (= 12 Stäbchen).
2. Runde: 3 Steige-Luftm, alle M dieser Rd stets ins hintere Maschenglied arbeiten: noch 1 Stäbchen in die Kettm der Vorrunde, dann in jede M stets 2 Stäbchen häkeln, 1 Kettm (= 24 Stäbchen).
3. Runde: 3 Steige-Luftm, alle M dieser Rd stets ins hintere Maschenglied arbeiten: Stäbchen häkeln, dabei jede 2. M verdoppeln (= 2 Stäbchen in dieselbe Einstichstelle), 1 Kettm (= 36 Stäbchen).
4. Runde: 1 Steige-Luftm, alle M dieser Rd stets ins hintere Maschenglied arbeiten: feste M häkeln, dabei jede 3. M verdoppeln (= 2 feste M in dieselbe Einstichstelle), 1 Kettm (= 48 feste M).

Ab hier werden alle M durch beide Maschenglieder der Vorreihe gearbeitet.

5. Runde: 1 Steige-Luftm, 3 feste M, 2 halbe Stäbchen, 1 Stäbchen, [1 Stäbchen, 1 Doppelstäbchen, 1 Luftm, 1 Doppelstäbchen, 1 Stäbchen] in die nächste M (= Ecke), * 1 Stäbchen, 2 halbe Stäbchen, 5 feste M, 2 halbe Stäbchen, 1 Stäbchen, [1 Stäbchen, 1 Doppelstäbchen, 1 Luftm, 1 Doppelstäbchen, 1 Stäbchen] in die nächste M; ab * noch 2x wiederholen, 1 Stäbchen, 2 halbe Stäbchen, 2 feste M, 1 Kettm.
6. Runde: 3 Steige-Luftm, 7 Stäbchen, [1 Stäbchen, 1 Doppelstäbchen, 1 Luftm, 1 Doppelstäbchen, 1 Stäbchen] um die Luftm der Vorrunde (= Ecke), * 15 Stäbchen, [1 Stäbchen, 1 Doppelstäbchen, 1 Luftm, 1 Doppelstäbchen, 1 Stäbchen] um die Luftm der Vorrunde; ab * noch 2x wiederholen, 7 Stäbchen, 1 Kettm.
7. Runde: 3 Steige-Luftm, 9 Stäbchen, [1 Stäbchen, 1 Doppelstäbchen, 1 Luftm, 1 Doppelstäbchen, 1 Stäbchen] um die Luftm der Vorrunde (= Ecke), * 19 Stäbchen, [1 Stäbchen, 1 Doppelstäbchen, 1 Luftm, 1 Doppelstäbchen, 1 Stäbchen] um die Luftm der Vorrunde; ab * noch 2x wiederholen, 9 Stäbchen, 1 Kettm.
8. Runde: 3 Steige-Luftm, 11 Stäbchen, [1 Stäbchen, 1 Doppelstäbchen, 1 Luftm, 1 Doppelstäbchen, 1 Stäbchen] um die Luftm der Vorrunde (= Ecke), * 23 Stäbchen, [1 Stäbchen, 1 Doppelstäbchen, 1 Luftm, 1 Doppelstäbchen, 1 Stäbchen] um die Luftm der Vorrunde; ab * noch 2x wiederholen, 11 Stäbchen, 1 Kettm.

Für die **aufgehäkelte Blüte** mit der **Farbe B** 3 Blüten-Runden jeweils um die vorderen Maschenglieder der 2., 3. und 4. Runde arbeiten. Dazu zunächst an einem vorderen Maschenglied der 2. Runde anschlingen.

Blüten-Runde: 3 Steige-Luftm, 1 5er-Popcorn-M in die nächste M, 3 Luftm, 1 Kettm in die nächste M, * 3 Luftm, 1 5er-Popcorn-M in die nächste M, 3 Luftm, 1 Kettm in die nächste M; ab * bis zum Ende der Rd stets wiederholen.

Die Blüten-Runde auf die gleiche Weise auch um die vorderen Maschenglieder der 3. und der 4. Runde arbeiten.

HÄKELN NACH HÄKELSCHRIFT

In der Häkelschrift sind geschlossene Runden notiert, die Arbeit wird dabei nicht gewendet. Zur besseren Übersicht ist die Häkelschrift in 2 Teilen gezeichnet.

Zuerst das Granny **in der Farbe A** bis zur 8. Runde häkeln, dann für die Blüte noch 2x die Noppenrunde **in der Farbe B** in die jeweils freigebliebenen vorderen Maschenglieder der 2., 3. und 4. Runde auf das Granny aufhäkeln.

Die Häkelschrift stellt nur die Noppenrunde 2* dar, die in die 2. Runde des Granny gearbeitet wird. Die beiden folgenden Noppenrunden entsprechend arbeiten.

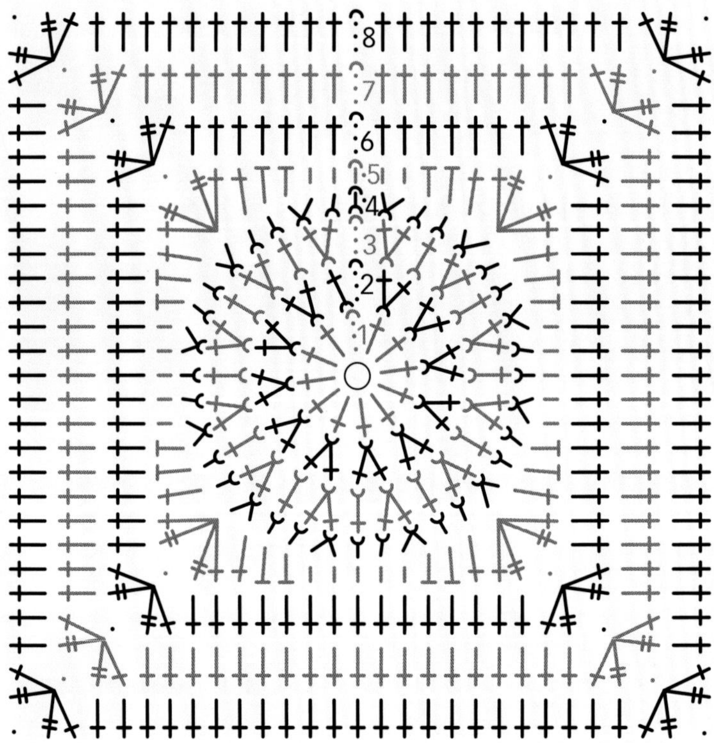

Zeichenerklärung:

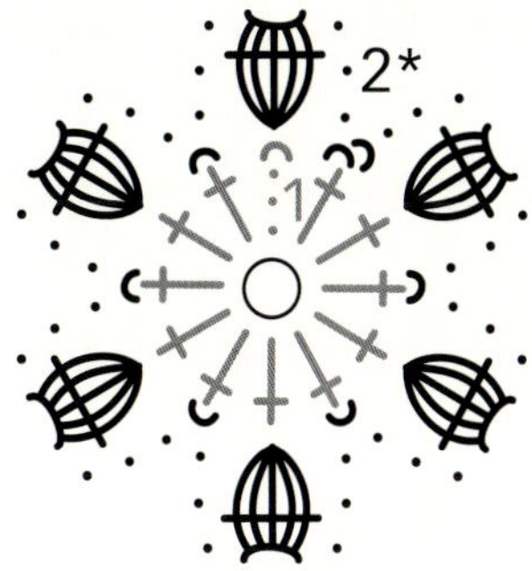

○ = Fadenring

· = 1 Luftmasche

⌒ = 1 Kettmasche

I = feste Masche

⅄ = 1 feste Masche ins hintere Maschenglied

T = 1 halbes Stäbchen

† = 1 Stäbchen

† = 1 Stäbchen ins hintere Maschenglied

= 5er Popcorn-Masche (= 5 Stäbchen in eine M arbeiten. Die Nadel aus der Arbeitsschlinge nehmen und von vorne nach hinten in das 1. Stäbchen stechen, die Arbeitsschlinge wieder aufnehmen und durchziehen.)

‡ = 1 Doppelstäbchen

Laufen die Zeichen unten zusammen, werden die Maschen in dieselbe Einstichstelle gearbeitet.

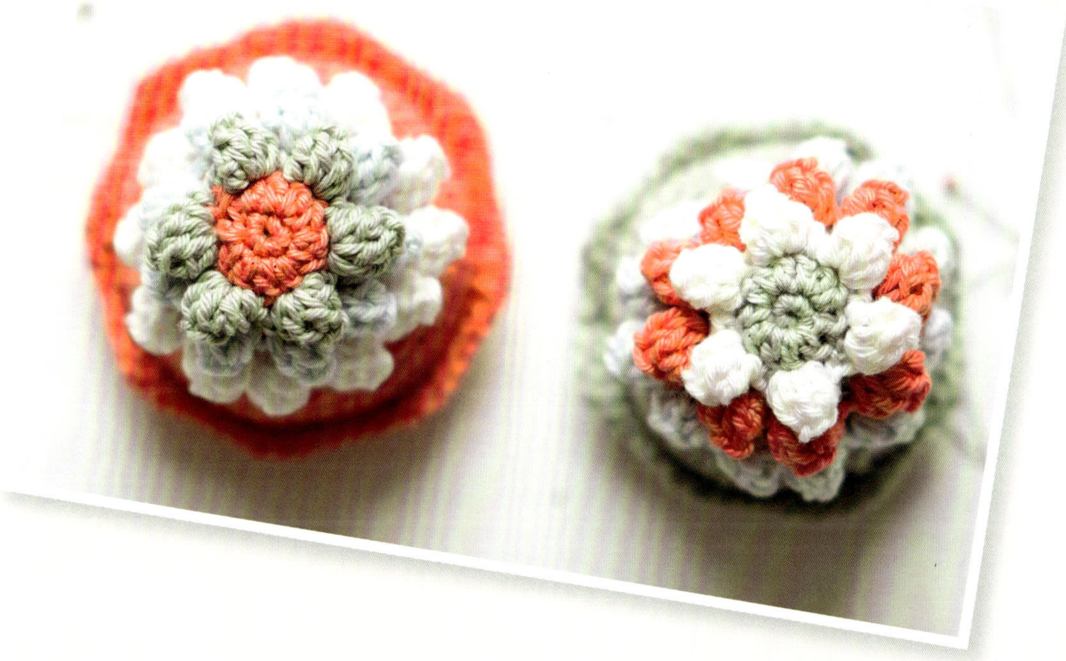

Popcorn-Zickzack

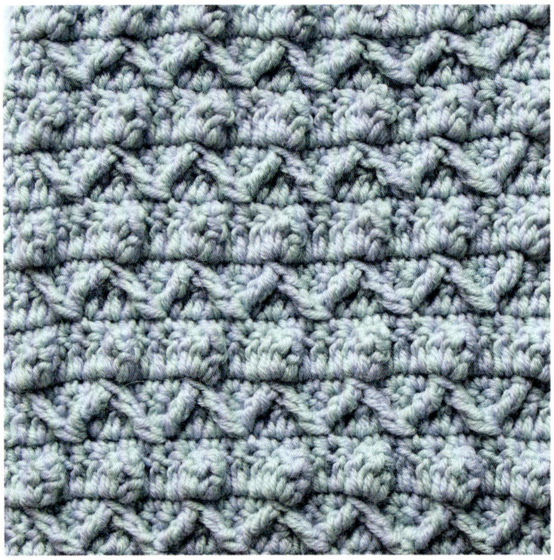

Schwierigkeitsgrad anspruchsvoll
Kategorie Reihen mit Popcorn-Maschen und tiefer gestochenen Doppelstäbchen im Wechsel

Maschenzahl teilbar durch 4 + 1 M + 1 Wende-Luftm. 3 Wende-Luftm ersetzen das erste Stäbchen, 1 Wende-Luftm dient nur zum Aufsteigen in die nächste Reihe und trägt selbst nichts zur Maschenzahl bei.

Noppe (= hintere 4er-Popcorn-M): 4 Stäbchen in 1 M arbeiten, die Nadel aus der Arbeitsschlinge nehmen und von hinten nach vorne in das 1. Stäbchen einstechen, die Arbeitsschlinge wieder aufnehmen und durchziehen.
Hinweis: Die Noppen werden in Rückreihen gearbeitet, erscheinen im Muster aber auf der Vorderseite.

2 zusammen abgemaschte vordere Relief-Doppelstäbchen: Das 1. Relief-Doppelstäbchen um dieselbe feste M der vorletzten R wie das letzte Relief-Doppelstäbchen arbeiten, dann 3 feste M der vorletzten R überspringen und das 2. Relief-Doppelstäbchen um die nächste (= 4.) feste M der vorletzten R arbeiten.

HÄKELN NACH MUSTERBESCHREIBUNG

1. Reihe (Hinreihe): 1 feste M in die 2. M ab Nadel, je 1 feste M in alle M.
2. Reihe (Rückreihe): 3 Wende-Luftm, je 1 Stäbchen in alle folgenden M.
3. Reihe: 1 Wende-Luftm, 2 feste M, 1 vorderes Relief-Doppelstäbchen um die 5. feste M der vorletzten R, 3 feste M, * 2 zusammen abgemaschte vordere Relief-Doppelstäbchen, 3 feste M; ab * stets wiederholen, 1 vorderes Relief-Doppelstäbchen um die gleiche feste M wie das letzte Relief-Doppelstäbchen, 2 feste M.
4. Reihe: 3 Wende-Luftm, 1 Stäbchen, * 1 hintere 4er-Popcorn-M, 3 Stäbchen; ab * stets wiederholen, 1 hintere 4er-Popcorn-M, 2 Stäbchen.
5. Reihe: 1 Wende-Luftm, je 1 feste M in alle M.

Die 1. – 5. Reihe 1x arbeiten, dann die 2. – 5. Reihe stets wiederholen.

HÄKELN NACH HÄKELSCHRIFT

In der Häkelschrift sind Hin- und Rückreihen notiert. Die hinteren 4er-Popcorn-M der Rückreihen stülpen sich anschließend auf die Vorderseite des Musters.

In den Hinreihen mit den M vor dem rechten Pfeil beginnen, den Rapport zwischen den Pfeilen stets wiederholen und mit den M nach dem linken Pfeil enden.

In den Rückreihen die M entsprechend von links nach rechts lesen.

Die 1. – 5. Reihe 1x arbeiten, dann die 2. – 5. Reihe stets wiederholen.

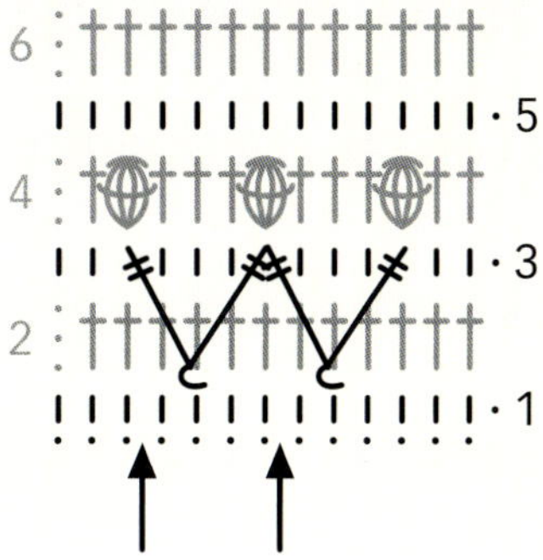

Zeichenerklärung:

• = 1 Luftmasche

ı = 1 feste Masche

† = 1 Stäbchen

 = hintere 4er Popcorn-Masche (= 4 Stäbchen in 1 Masche arbeiten, die Nadel aus der Arbeitsschlinge nehmen und von hinten nach vorne in das 1. Stäbchen einstechen, die Arbeitsschlinge wieder aufnehmen und durchziehen.)

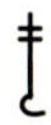 = 1 vorderes Relief-Doppelstäbchen

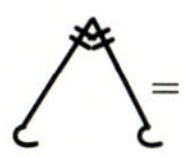 = 2 zusammen abgemaschte vordere Relief-Doppelstäbchen (Das 1. Relief-Doppelstäbchen um dieselbe feste M der vorletzten R wie das letzte Relief-Doppelstäbchen arbeiten, dann 3 feste M der vorletzten R überspringen und das 2. Relief-Doppelstäbchen um die nächste (= 4.) feste M der vorletzten R arbeiten.)

Laufen die Zeichen oben zusammen, werden die Maschen zusammen abgemascht.

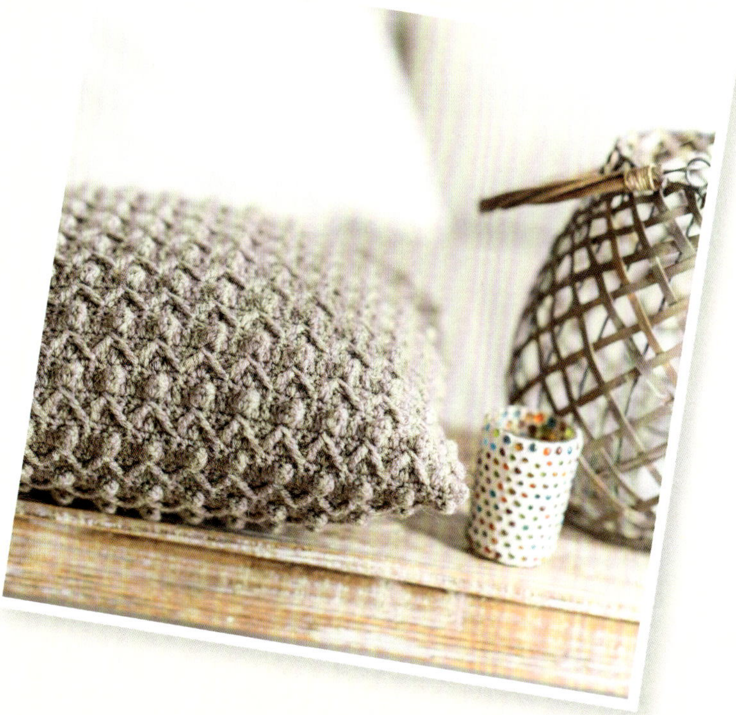

Noppennetz

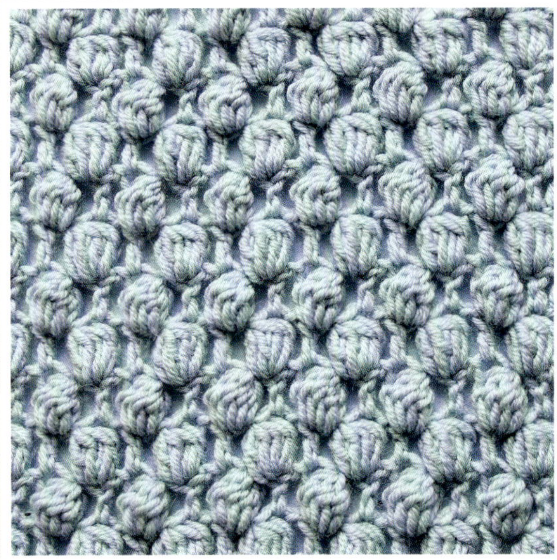

Schwierigkeitsgrad einfach
Kategorie Netzmuster mit Stäbchennoppen

Maschenzahl teilbar durch 4 + 1 M + 3 Wende-Luftm. 3 Wende-Luftm ersetzen stets das erste Stäbchen.

Noppe: 5 zusammen abgemaschte Stäbchen in dieselbe Einstichstelle.

HÄKELN NACH MUSTERBESCHREIBUNG

1. Reihe (Hinreihe): 1 Luftm, 1 M überspringen, 1 Noppe in die 7. M ab Nadel, 1 Luftm, 1 M überspringen, 1 Stäbchen, * 1 Luftm, 1 M überspringen, 1 Noppe, 1 Luftm, 1 M überspringen, 1 Stäbchen; ab * stets wiederholen.
2. Reihe (Rückreihe): 3 Wende-Luftm, * 1 Luftm, 1 Stäbchen in die nächste Noppe der Vorreihe, 1 Luftm, 1 Noppe in das nächste Stäbchen der Vorreihe; ab * stets wiederholen, 1 Luftm, 1 Stäbchen in die nächste Noppe der Vorreihe, 1 Luftm, 1 M überspringen, 1 Stäbchen in die 3. Wende-Luftm der Vorreihe.
3. Reihe: 3 Wende-Luftm, * 1 Luftm, 1 Noppe in das nächste Stäbchen der Vorreihe, 1 Luftm, 1 Stäbchen in die nächste Noppe der Vorreihe; ab * stets wiederholen, 1 Luftm, 1 Noppe in das letzte Stäbchen der Vorreihe, 1 Luftm, 1 M überspringen, 1 Stäbchen in die 3. Wende-Luftm der Vorreihe.

Die 1. – 3. Reihe 1x arbeiten, dann die 2. – 3. Reihe stets wiederholen.

HÄKELN NACH HÄKELSCHRIFT

In der Häkelschrift sind Hin- und Rückreihen notiert.

In den Hinreihen mit den M vor dem rechten Pfeil beginnen, den Rapport zwischen den Pfeilen stets wiederholen und mit den M nach dem linken Pfeil enden.

In den Rückreihen die M entsprechend von links nach rechts lesen.

Die 1. – 3. Reihe 1x arbeiten, dann die 2. – 3. Reihe stets wiederholen.

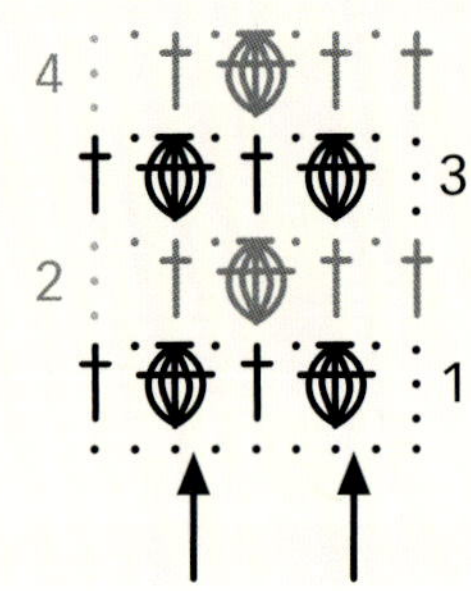

Zeichenerklärung:

- • = 1 Luftmasche
- † = 1 Stäbchen
- Noppensymbol = 1 Noppe (= 5 zusammen abgemaschte Stäbchen in dieselbe Einstichstelle)

Büschelmaschenstreifen

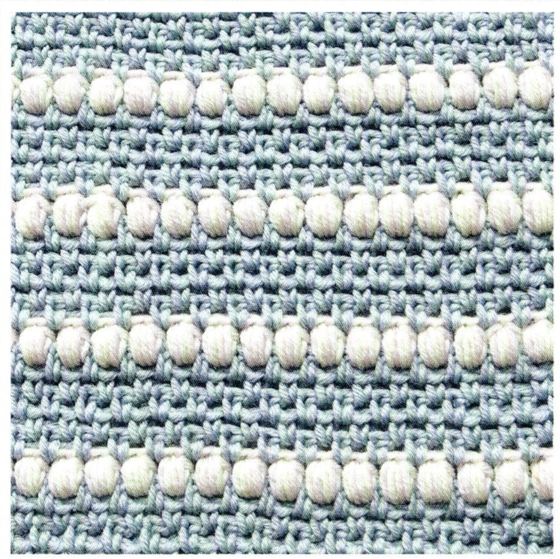

Schwierigkeitsgrad mittel
Kategorie Leinenmuster mit Reihen aus Büschelmaschen

Maschenzahl teilbar durch 2 + 1 Wende-Luftm. 1 Wende-Luftm dient nur zum Aufsteigen in die nächste Reihe und trägt nichts zur Maschenzahl bei.

Noppe (= 3er-Büschelm): [1 Umschlag, Nadel in die M einstechen, den Faden holen und die Schlinge hochziehen] 3x, den Faden holen und durch alle Schlingen ziehen.
Hinweis: Ab der 2. Reihe werden alle festen M bzw. Büschelm um die Luftm der Vorreihe gearbeitet.

HÄKELN NACH MUSTERBESCHREIBUNG

1. Reihe (Rückreihe, Farbe A): 1 Luftm, 1 feste M in die 4. M ab Nadel, * 1 Luftm, 1 M überspringen, 1 feste M in die nächste M; ab * stets wiederholen.
2. Reihe (Hinreihe): 1 Wende-Luftm, * 1 Luftm, 1 M überspringen, 1 feste M um die nächste Luftm der Vorreihe; ab * stets wiederholen.
3. – 5. Reihe: Wie die 2. Reihe arbeiten.
6. Reihe (Hinreihe, Farbe B): 1 Wende-Luftm, * 1 Luftm, 1 M überspringen, 1 3er-Büschelm um die nächste Luftm der Vorreihe; ab * stets wiederholen.
7. Reihe: Wie die 2. Reihe häkeln.

Die 1. – 7. Reihe 1x arbeiten, dann die 2. – 7. Reihe stets wiederholen.

HÄKELN NACH HÄKELSCHRIFT

In der Häkelschrift sind Hin- und Rückreihen notiert.

In den Hinreihen mit den M vor dem rechten Pfeil beginnen, den Rapport zwischen den Pfeilen stets wiederholen und mit den M nach dem linken Pfeil enden.

In den Rückreihen die M entsprechend von links nach rechts lesen.

Die 1. – 7. Reihe 1x arbeiten, dann die 2. – 7. Reihe stets wiederholen. Die 1. Reihe ist eine Rückreihe.

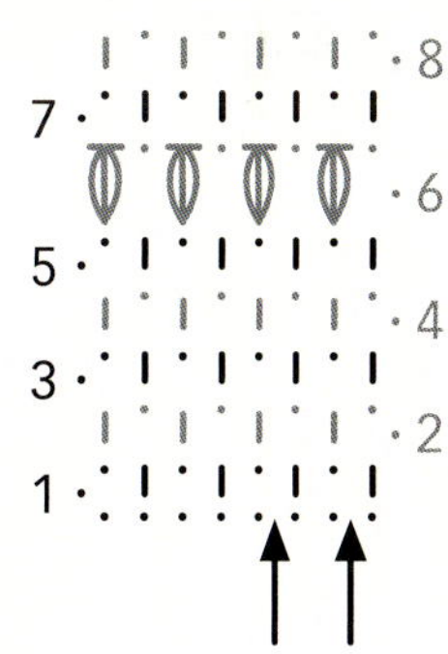

Zeichenerklärung:
• = 1 Luftmasche
I = 1 feste Masche
= 1 3er-Büschelmasche (= [1 Umschlag, Nadel in die M einstechen, den Faden holen und die Schlinge hochziehen] 3x, den Faden holen und durch alle Schlingen ziehen.)

Zapfenbänder

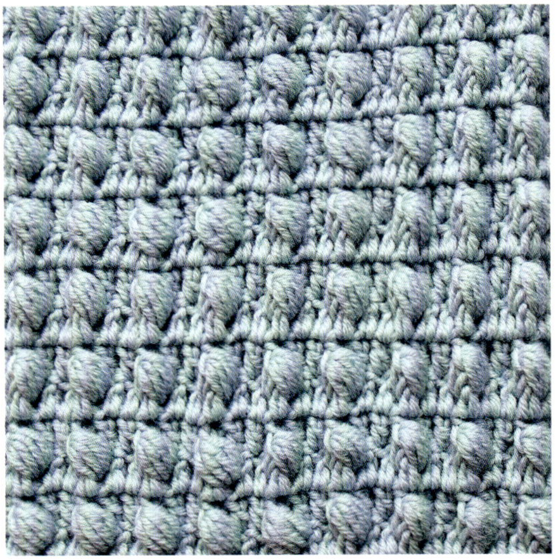

Schwierigkeitsgrad mittel
Kategorie Reihen aus Stäbchen und Relief-Noppen im Wechsel

Maschenzahl teilbar durch 3 + 2 M + 1 Wende-Luftm. 3 Wende-Luftm ersetzen stets das erste Stäbchen.

Noppe (= 4 zusammen abgemaschte vordere Relief-Stäbchen in dieselbe Einstichstelle):
[1 Umschlag, Nadel von vorne um das Stäbchen der Vorreihe führen, den Faden durchholen, den Faden holen und 2 Schlingen abmaschen] 4x, den Faden holen und durch 4 Schlingen ziehen, den Faden holen und durch die letzten beiden Schlingen ziehen.

HÄKELN NACH MUSTERBESCHREIBUNG

1. Reihe (Hinreihe): 1 feste M in die 2. M ab Nadel, je 1 feste M in alle folgenden M.
2. Reihe (Rückreihe): 3 Wende-Luftm, je 1 Stäbchen in alle folgenden M.
3. Reihe: 3 Wende-Luftm, 1 Stäbchen, * 4 zusammen abgemaschte vordere Relief-Stäbchen um das nächste Stäbchen der Vorreihe, 2 Stäbchen; ab * stets wiederholen.
4. Reihe: 3 Wende-Luftm, je 1 Stäbchen in alle folgenden M.

Die 1. – 4. Reihe 1x arbeiten, dann die 3. – 4. Reihe stets wiederholen.

HÄKELN NACH HÄKELSCHRIFT

In der Häkelschrift sind Hin- und Rückreihen notiert.

In den Hinreihen mit den M vor dem rechten Pfeil beginnen, den Rapport zwischen den Pfeilen stets wiederholen und mit den M nach dem linken Pfeil enden.

In den Rückreihen die M entsprechend von links nach rechts lesen.

Die 1. – 4. Reihe 1x arbeiten, dann die 3. – 4. Reihe stets wiederholen.

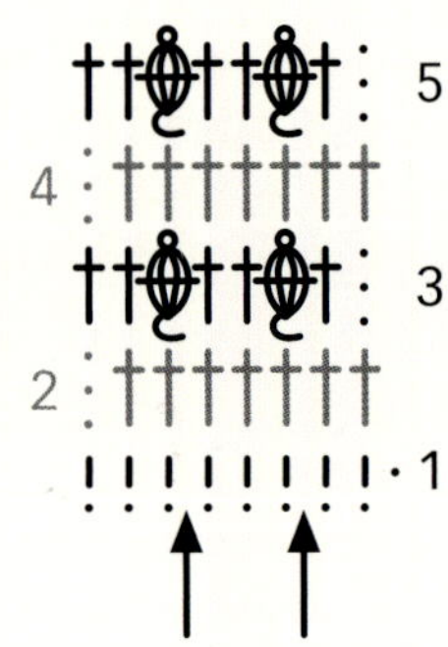

Zeichenerklärung:
· = 1 Luftmasche
ı = 1 feste Masche
† = 1 Stäbchen
= 4 zusammen abgemaschte vordere Relief-Stäbchen in dieselbe Einstichstelle

Luftmaschennoppen

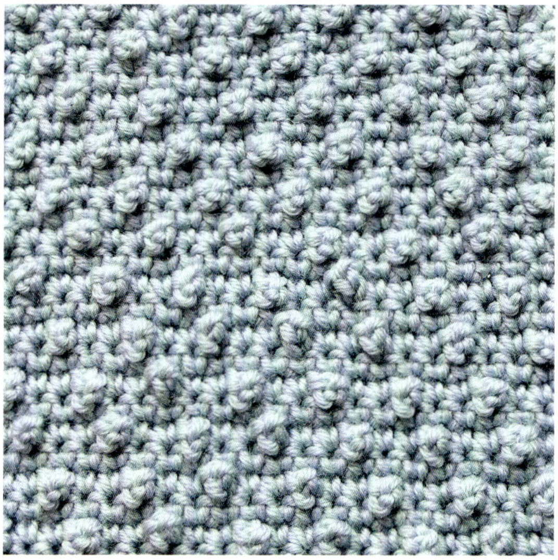

Schwierigkeitsgrad leicht
Kategorie feste Maschen mit Noppen aus Luftmaschen

Maschenzahl teilbar durch 3 + 2 M + 1 Wende-Luftm. 1 Wende-Luftm dient nur zum Aufsteigen in die nächste Reihe und trägt nichts zur Maschenzahl bei.

3er-Luftm-Noppe: Die Nadel in die M einstechen, den Faden holen und durchziehen, 3 Luftm arbeiten (die Arbeitsschlinge bleibt dabei auf der Nadel), den Faden holen und durch beide Schlingen ziehen.
Hinweis: Die entstandene kleine Schlinge wölbt sich nach vorne, sobald die nächste feste M gehäkelt wird.

HÄKELN NACH MUSTERBESCHREIBUNG

1. Reihe (Hinreihe): 1 feste M in die 2. M ab Nadel, je 1 feste M in alle folgenden M.
2. Reihe (Rückreihe): 1 Wende-Luftm, je 1 feste M in alle folgenden M.
3. Reihe: 1 Wende-Luftm, 2 feste M, * 1 3er-Luftm-Noppe, 2 feste M; ab * stets wiederholen.
4. Reihe: Wie die 2. Reihe häkeln.
5. Reihe: 1 Wende-Luftm, 3 feste M, * 1 3er-Luftm-Noppe, 2 feste M; ab * stets wiederholen, 1 3er-Luftm-Noppe, 1 feste M.
6. Reihe: Wie die 2. Reihe häkeln.
7. Reihe: 1 Wende-Luftm, 1 feste M, * 1 3er-Luftm-Noppe, 2 feste M; ab * stets wiederholen, 1 feste M.

Die 1. – 7. Reihe 1x arbeiten, dann die 2. – 7. Reihe stets wiederholen.

HÄKELN NACH HÄKELSCHRIFT

In der Häkelschrift sind Hin- und Rückreihen notiert.

In den Hinreihen mit den M vor dem rechten Pfeil beginnen, den Rapport zwischen den Pfeilen stets wiederholen und mit den M nach dem linken Pfeil enden.

In den Rückreihen die M entsprechend von links nach rechts lesen.

Die 1. – 7. Reihe 1x arbeiten, dann die 2. – 7. Reihe stets wiederholen.

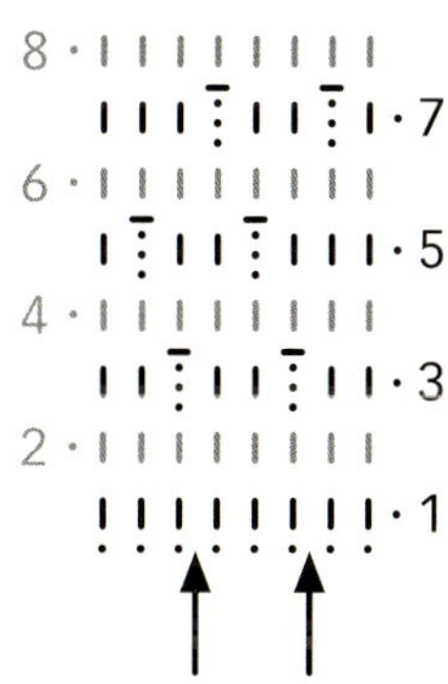

Zeichenerklärung:

- • = 1 Luftmasche
- ı = 1 feste Masche
- ⁝ = 1 3er-Luftmaschennoppe (= Die Nadel in die M einstechen, den Faden holen und durchziehen, 3 Luftm arbeiten (die Arbeitsschlinge bleibt dabei auf der Nadel), den Faden holen und durch beide Schlingen ziehen.)

Waagerechte Noppen

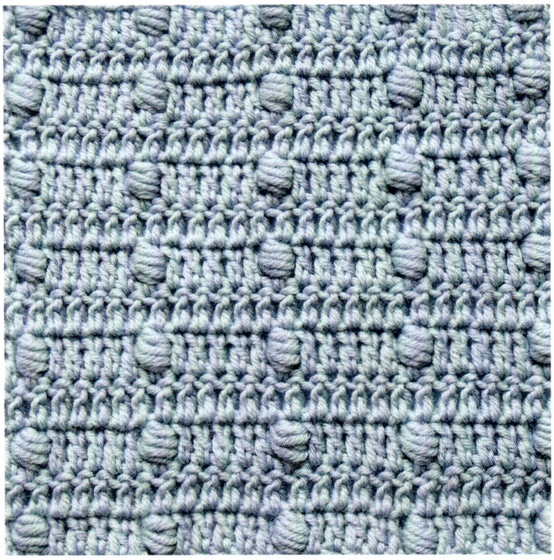

Schwierigkeitsgrad mittel
Kategorie waagerechte Büschelmaschen

Maschenzahl teilbar durch 6 + 5 M + 3 Wende-Luftm. 3 Wende-Luftm ersetzen stets das erste Stäbchen.

Noppe (= waagerechte 4er-Büschelm):
Mit 1 Umschlag in die M einstechen, den Faden holen und durchziehen. Mit 1 Umschlag 2 Schlingen abmaschen (es sind noch 2 Schlingen auf der Nadel). Nun [1 Umschlag, von vorne um den gerade gearbeiteten Stäbchen-Körper einstechen, den Faden holen und die Schlinge etwas hochziehen] 4x, den Faden holen und durch alle Schlingen ziehen.

HÄKELN NACH MUSTERBESCHREIBUNG

1. Reihe (Hinreihe): 1 Stäbchen in die 5. M ab Nadel, * 1 waagerechte 4er-Büschelm, 5 Stäbchen; ab * stets wiederholen,
1 waagerechte 4er-Büschelm, 2 Stäbchen.
2. Reihe (Rückreihe): 3 Wende-Luftm, je 1 Stäbchen in alle M.
3. Reihe: 3 Wende-Luftm, 1 Stäbchen, * 1 waagerechte 4er-Büschelm, 5 Stäbchen; ab * stets wiederholen, 1 waagerechte 4er-Büschelm, 2 Stäbchen.

Die 1. – 3. Reihe 1x arbeiten, dann die 2. – 3. Reihe stets wiederholen.

HÄKELN NACH HÄKELSCHRIFT

In der Häkelschrift sind Hin- und Rückreihen notiert.

In den Hinreihen mit den M vor dem rechten Pfeil beginnen, den Rapport zwischen den Pfeilen stets wiederholen und mit den M nach dem linken Pfeil enden.

In den Rückreihen die M entsprechend von links nach rechts lesen.

Die 1. – 3. Reihe 1x arbeiten, dann die 2. – 3. Reihe stets wiederholen.

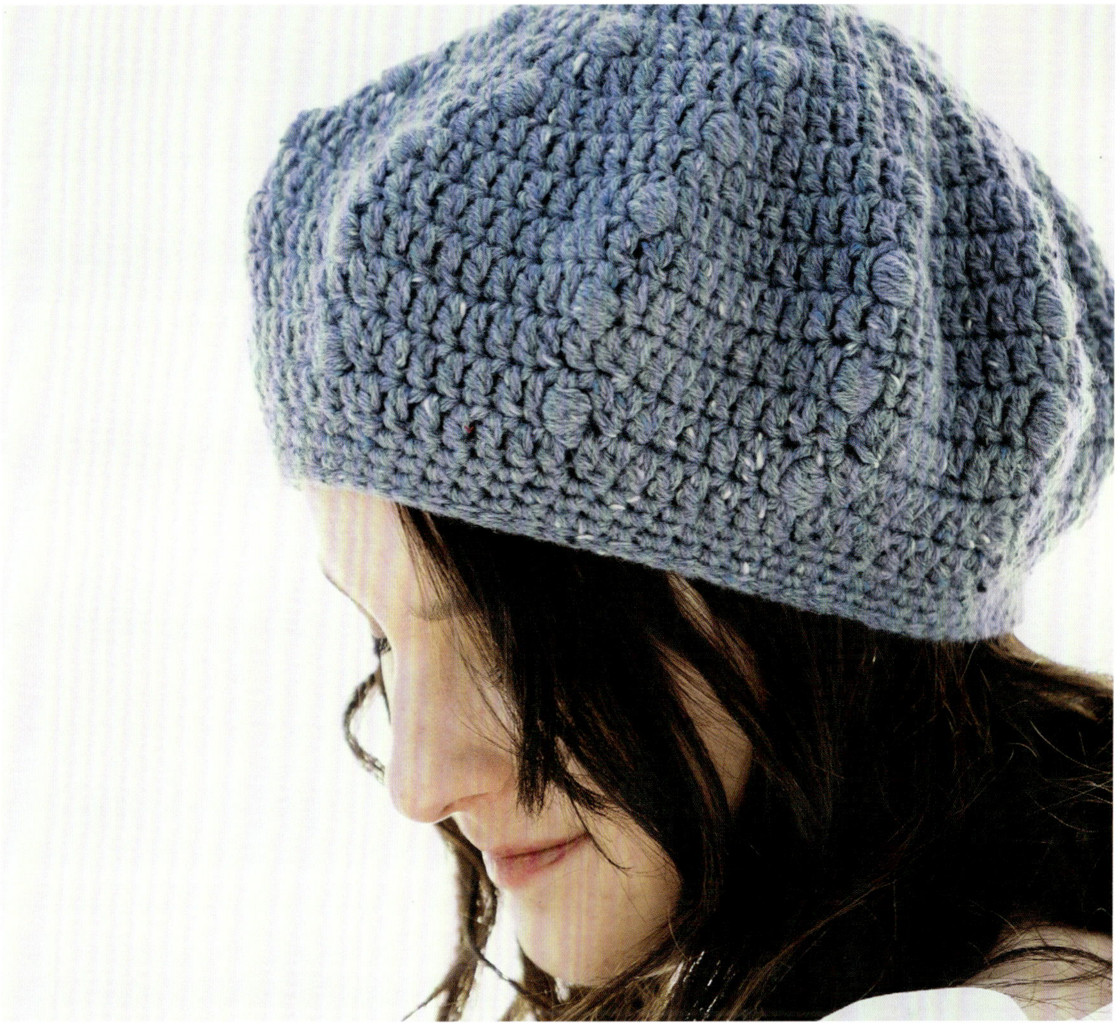

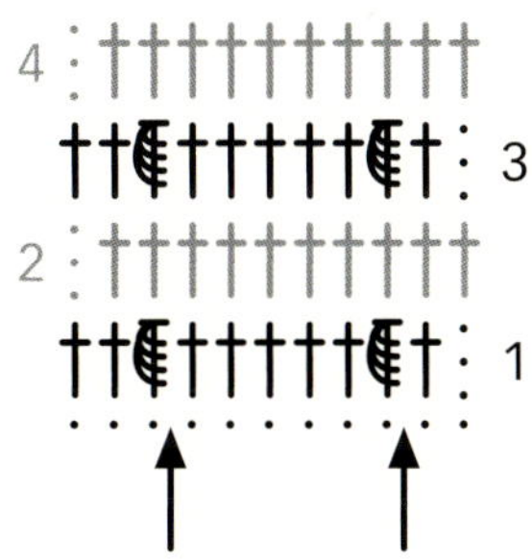

Zeichenerklärung:

- · = 1 Luftmasche
- ı = 1 feste Masche
- † = 1 Stäbchen
- [Symbol] = 1 waagerechte 4er-Büschelmasche (= Mit 1 Umschlag in die M einstechen, den Faden holen und durchziehen. Mit 1 Umschlag 2 Schlingen abmaschen (es sind noch 2 Schlingen auf der Nadel). Nun [1 Umschlag, von vorne um den gerade gearbeiteten Stäbchen-Körper einstechen, den Faden holen und die Schlinge etwas hochziehen] 4x, den Faden holen und durch alle Schlingen ziehen.)

Bohnenmuster

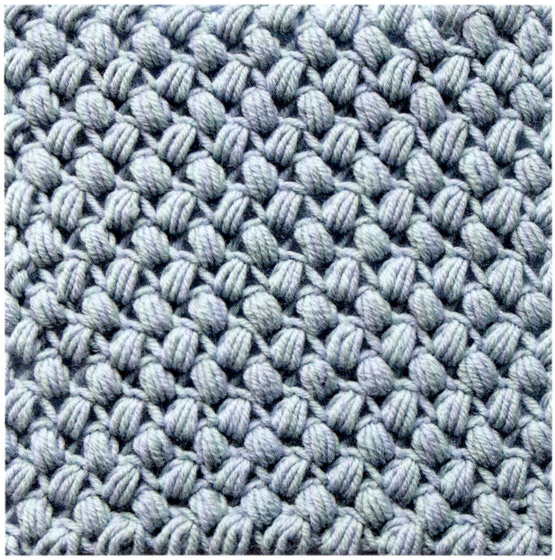

Schwierigkeitsgrad mittel
Kategorie schräge Büschelmaschen

Maschenzahl teilbar durch 2 + 1 M + 2 Wende-Luftm.

Noppe (= schräge 3er-Büschelm):
In die M einstechen, den Faden holen, durchziehen und die Schlinge etwas hochziehen. Dann [1 Umschlag, in dieselbe Masche einstechen, den Faden holen, durchziehen und die Schlinge etwas hochziehen] 2x, den Faden holen und durch alle Schlingen ziehen.
Hinweis: Durch das Fehlen eines Umschlags vor dem Arbeiten der 1. Schlinge neigt sich die Büschelm nach links und es entsteht eine kleine Lücke, in die die Büschelm der nächsten Reihe gearbeitet wird.

HÄKELN NACH MUSTERBESCHREIBUNG

1. Reihe (Hinreihe): 1 3er-Büschelm in die 3. M ab Nadel, * 1 Luftm, 1 M überspringen, 1 3er-Büschelm; ab * stets wiederholen.
2. Reihe (Rückreihe): 2 Wende-Luftm, 1 3er-Büschelm in die kleine Lücke vor der ersten Büschelm der Vorreihe, * 1 Luftm, 1 3er-Büschelm in die kleine Lücke vor der nächsten Büschelm der Vorreihe; ab * stets wiederholen.
3. Reihe: 2 Wende-Luftm, 1 3er-Büschelm in die kleine Lücke vor der ersten Büschelm der Vorreihe, * 1 Luftm, 1 3er-Büschelm in die kleine Lücke vor der nächsten Büschelm der Vorreihe; ab * stets wiederholen.

Die 1. – 3. Reihe 1x arbeiten, dann die 2. – 3. Reihe stets wiederholen.

HÄKELN NACH HÄKELSCHRIFT

In der Häkelschrift sind Hin- und Rückreihen notiert.

In den Hinreihen mit den M vor dem rechten Pfeil beginnen, den Rapport zwischen den Pfeilen stets wiederholen und mit den M nach dem linken Pfeil enden.

In den Rückreihen die M entsprechend von links nach rechts lesen.

Die 1. – 3. Reihe 1x arbeiten, dann die 2. – 3. Reihe stets wiederholen.

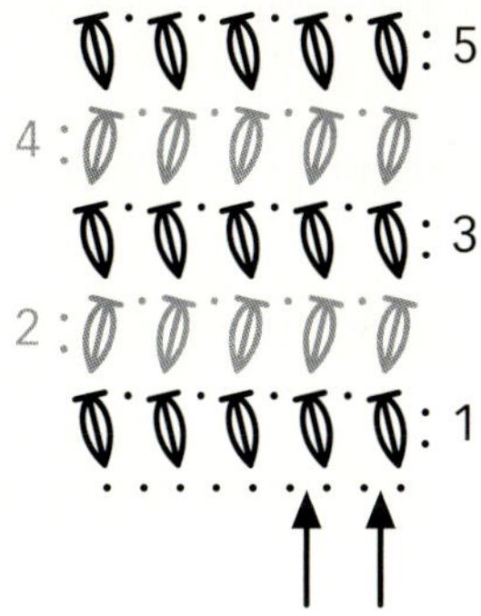

Zeichenerklärung:

• = 1 Luftmasche

= 1 3er-Büschelmasche (= In die M einstechen, den Faden holen, durchziehen und die Schlinge etwas hochziehen. Dann [1 Umschlag, in dieselbe Masche einstechen, den Faden holen, durchziehen und die Schlinge etwas hochziehen] 2x, den Faden holen und durch alle Schlingen ziehen.)

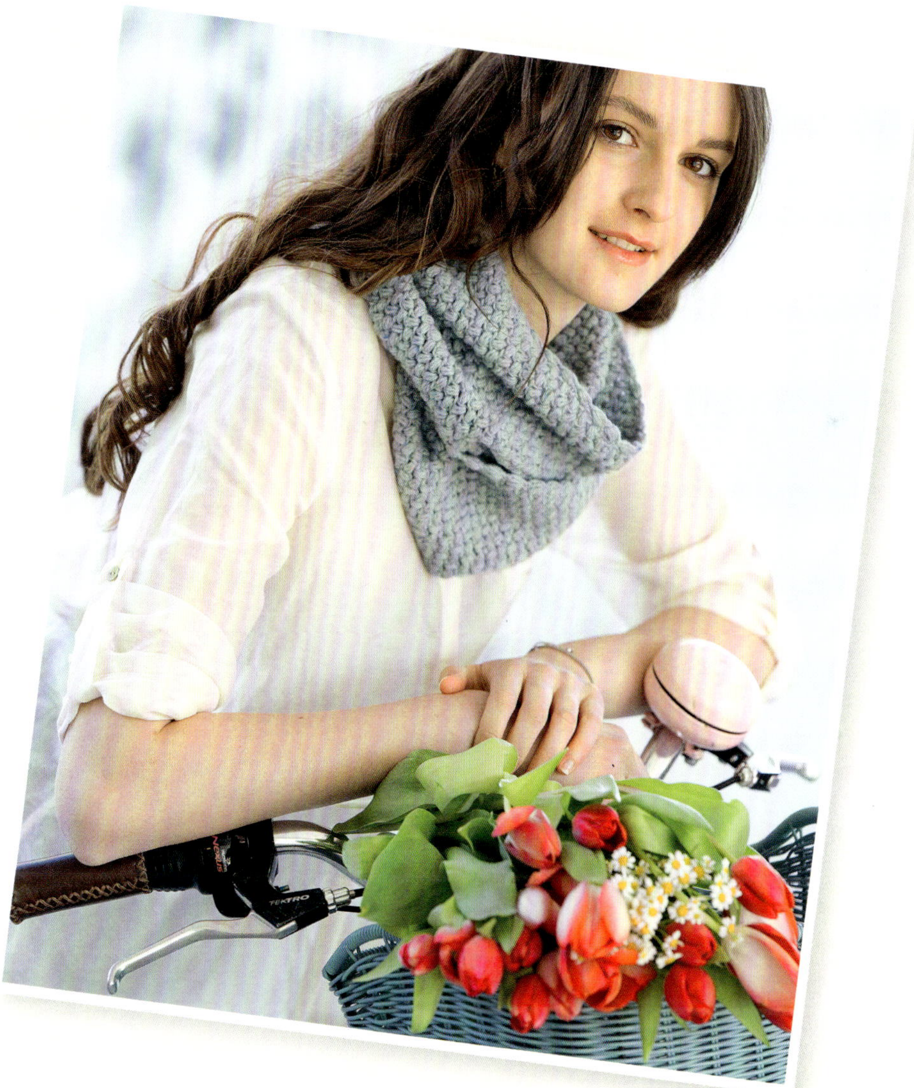

Perlen und Muscheln

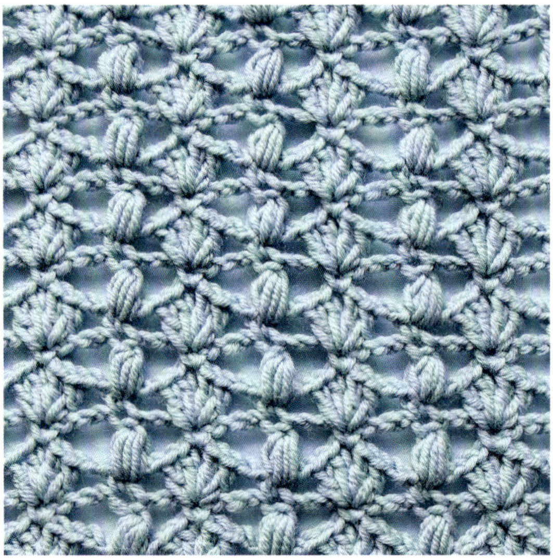

Schwierigkeitsgrad mittel
Kategorie Mustermix aus Noppen und Muscheln

Maschenzahl teilbar durch 8 + 1 M + 1 Wende-Luftm. Die Wende-Luftm dient nur zum Aufsteigen in die nächste Reihe und trägt selbst nichts zur Maschenzahl bei. 3 Wende-Luftm und 1 Stäbchen in dieselbe Einstichstelle ersetzen die erste 2er-Büschelm.

Noppe (= 4er-Büschelmasche): [1 Umschlag, in die M einstechen, den Faden holen, die Schlinge hochziehen] 4x, den Faden holen und durch 8 Schlingen ziehen, den Faden holen und durch die letzten beiden Schlingen ziehen.

Halbe Noppe (= 2er-Büschelmasche): [1 Umschlag, in die M einstechen, den Faden holen, die Schlinge hochziehen] 2x, den Faden holen und durch 4 Schlingen ziehen, den Faden holen und durch die letzten beiden Schlingen ziehen.

HÄKELN NACH MUSTERBESCHREIBUNG

1. Reihe (Hinreihe): 1 feste M in die 2. M ab Nadel, * 2 Luftm, 3 M überspringen, [2 Stäbchen, 1 Luftm, 2 Stäbchen] in die nächste M, 2 Luftm, 3 M überspringen, 1 feste M in die nächste M; ab * stets wiederholen.
2. Reihe (Rückreihe): [3 Wende-Luftm, 1 Stäbchen] in die 1. feste M, * 3 Luftm, 1 feste M um die Luftm zwischen der nächsten Stäbchen-Gruppe der Vorreihe, 3 Luftm, 1 4er-Büschelm in die nächste feste M; ab * stets wiederholen, dabei die letzte Büschelm als 2er-Büschelm arbeiten.
3. Reihe: 1 Wende-Luftm, 1 feste M in die 1. Büschelm, * 2 Luftm, [2 Stäbchen, 1 Luftm, 2 Stäbchen] in die nächste feste M der Vorreihe, 2 Luftm, 1 feste M in die nächste Büschelm; ab * stets wiederholen, dabei die letzte feste M in das Stäbchen der 2er-Büschelm der Vorreihe arbeiten.
4. Reihe: Wie die 2. Reihe häkeln.

Die 1. – 4. Reihe 1x arbeiten, dann die 3. – 4. Reihe stets wiederholen.

HÄKELN NACH HÄKELSCHRIFT

In der Häkelschrift sind Hin- und Rückreihen notiert.

In den Hinreihen mit den M vor dem rechten Pfeil beginnen, den Rapport zwischen den Pfeilen stets wiederholen und mit den M nach dem linken Pfeil enden.

In den Rückreihen die M entsprechend von links nach rechts lesen.

Die 1. – 4. Reihe 1x arbeiten, dann die 3. – 4. Reihe stets wiederholen.

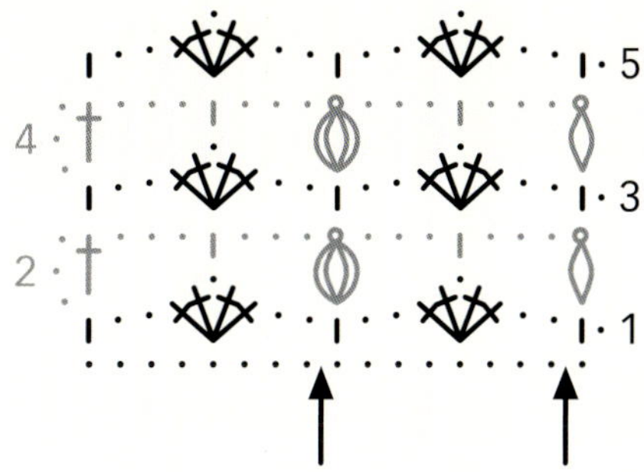

Zeichenerklärung:

• = 1 Luftmasche

ı = 1 feste Masche

† = 1 Stäbchen

= 1 2er-Büschelmasche (= [1 Umschlag, in die M einstechen, den Faden holen, die Schlinge hochziehen] 2x, den Faden holen und durch 4 Schlingen ziehen, den Faden holen und durch die letzten beiden Schlingen ziehen.)

= 1 4er-Büschelmasche (= [1 Umschlag, in die M einstechen, den Faden holen, die Schlinge hochziehen] 4x, den Faden holen und durch 8 Schlingen ziehen, den Faden holen und durch die letzten beiden Schlingen ziehen.)

Laufen die Zeichen unten zusammen, werden die Maschen in dieselbe Einstichstelle gearbeitet.

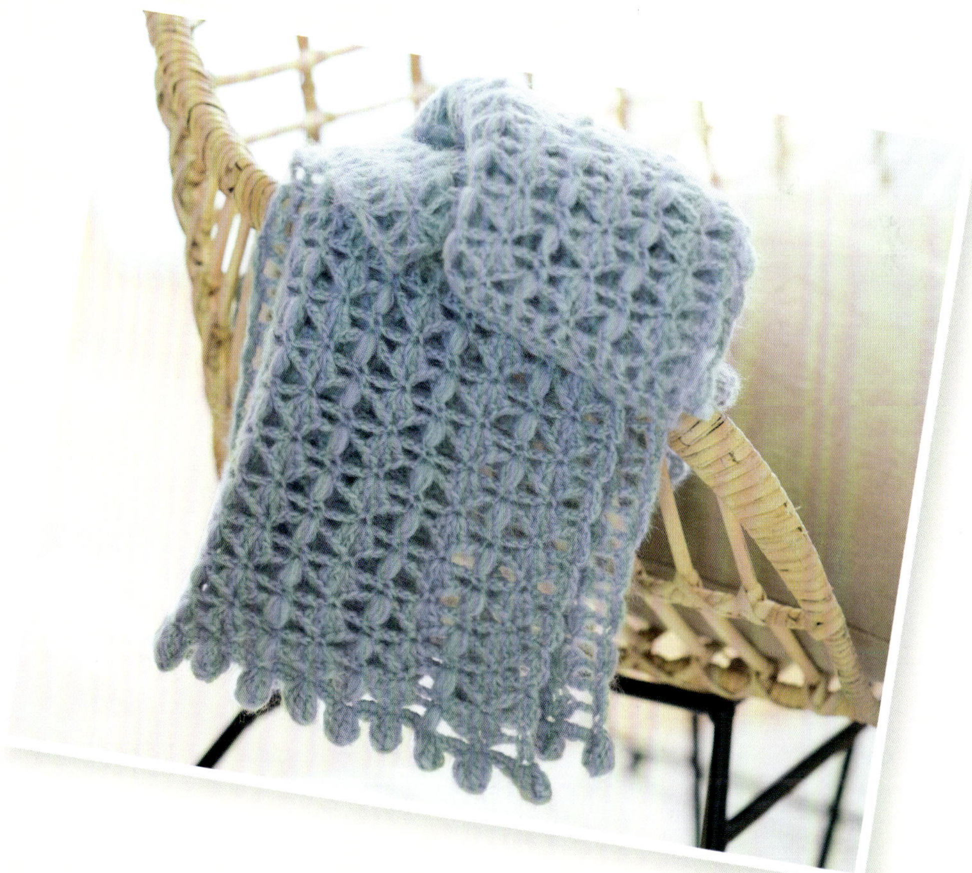

Rautennetz

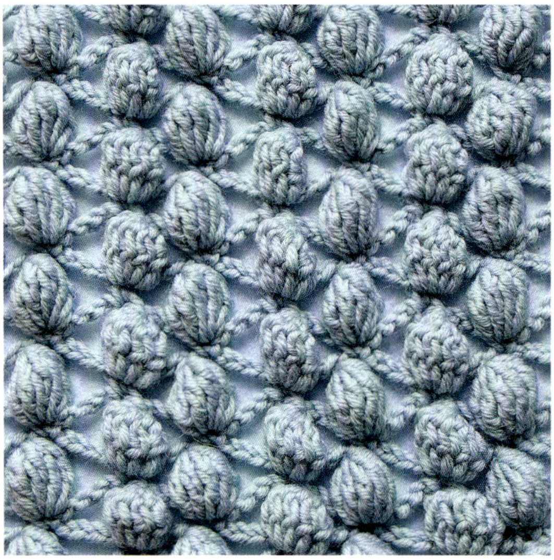

Schwierigkeitsgrad mittel
Kategorie luftiges Rautenmuster mit Noppen aus Doppelstäbchen

Maschenzahl teilbar durch 10 + 1 M + 1 Wende-Luftm. 1 Wende-Luftm dient nur zum Aufsteigen in die nächste Reihe und trägt nichts zur Maschenzahl bei, 3 Wende-Luftm und 3 zusammen abgemaschte Doppelstäbchen in dieselbe Einstichstelle ersetzen die erste halbe Noppe.

Noppe: 6 zusammen abgemaschte Doppelstäbchen in dieselbe Einstichstelle.
Halbe Noppe: 4 zusammen abgemaschte Doppelstäbchen in dieselbe Einstichstelle.
Hinweis: Die Noppen werden in Hin- und in Rückreihen gearbeitet. Dabei alle Noppen stets zur Vorderseite hin stülpen.

HÄKELN NACH MUSTERBESCHREIBUNG

1. Reihe (Hinreihe): 1 feste M in die 2. M ab Nadel, * 4 Luftm, 4 M überspringen, 1 Noppe in die nächste M, 4 Luftm, 4 M überspringen, 1 feste M in die nächste M; ab * stets wiederholen.
2. Reihe (Rückreihe): [3 Wende-Luftm, 3 zusammen abgemaschte Doppelstäbchen] in die 1. feste M, * 4 Luftm, 1 feste M in die nächste Noppe der Vorreihe, 4 Luftm, 1 Noppe in die nächste feste M; ab * stets wiederholen, dabei die letzte Noppe als halbe Noppe arbeiten.
3. Reihe: 1 Wende-Luftm, 1 feste M in die 1. Noppe, * 4 Luftm, 1 Noppe in die nächste feste M der Vorreihe, 4 Luftm, 1 feste M in die nächste Noppe; ab * stets wiederholen, dabei die letzte feste M in die 3 zusammen abgemaschten Doppelstäbchen der Vorreihe arbeiten.
4. Reihe: Wie die 2. Reihe häkeln.

Die 1. – 4. Reihe 1x arbeiten, dann die 3. – 4. Reihe stets wiederholen.

HÄKELN NACH HÄKELSCHRIFT

In der Häkelschrift sind Hin- und Rückreihen notiert.

In den Hinreihen mit den M vor dem rechten Pfeil beginnen, den Rapport zwischen den Pfeilen stets wiederholen und mit den M nach dem linken Pfeil enden.

In den Rückreihen die M entsprechend von links nach rechts lesen.

Die 1. – 4. Reihe 1x arbeiten, dann die 3. – 4. Reihe stets wiederholen.

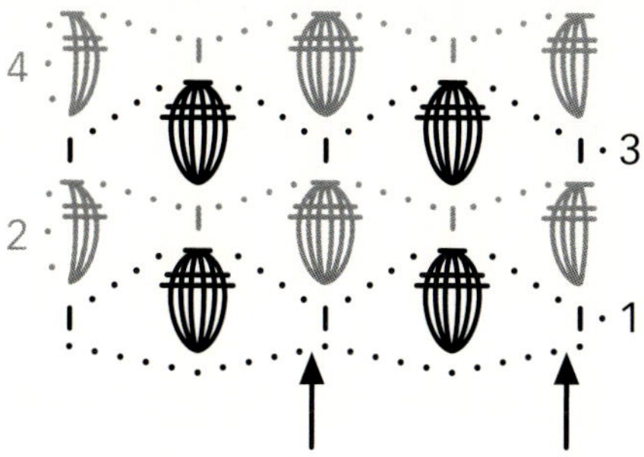

Zeichenerklärung:

• = 1 Luftmasche

I = 1 feste Masche

= 3 zusammen abgemaschte Doppelstäbchen in die letzte feste M der Vorreihe

= 1 halbe Noppe (= 4 zusammen abgemaschte Doppelstäbchen in dieselbe Einstichstelle)

= 1 Noppe (= 6 zusammen abgemaschte Doppelstäbchen in dieselbe Einstichstelle)

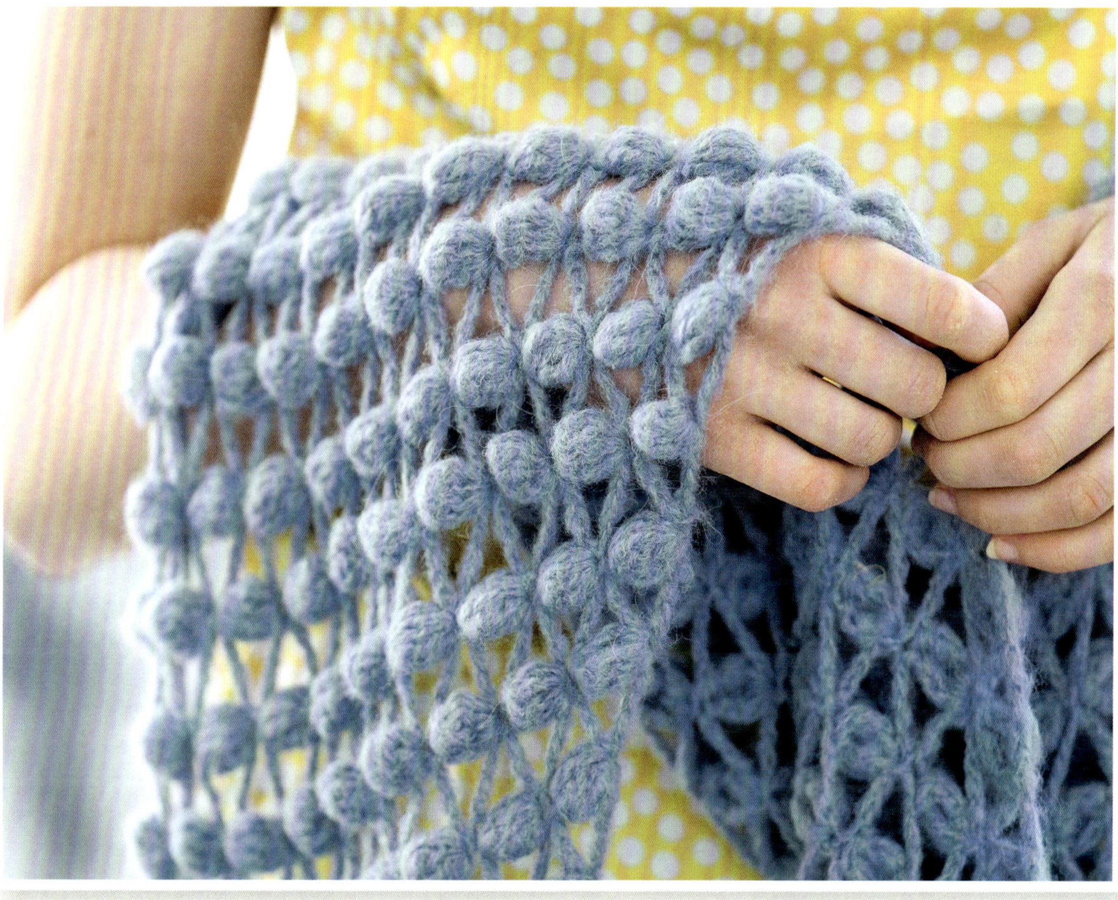

Riesennoppen

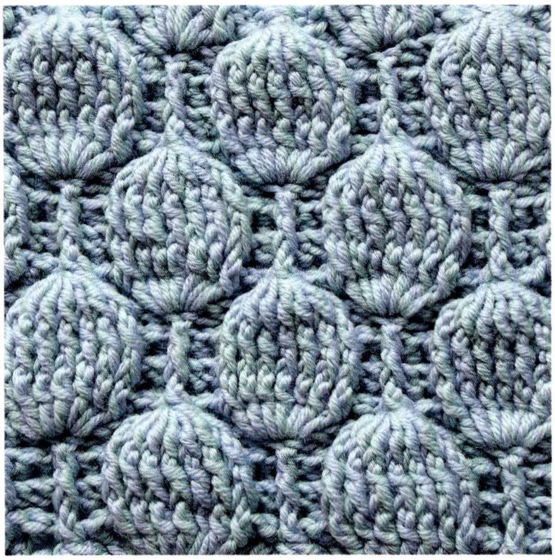

Schwierigkeitsgrad anspruchsvoll
Kategorie große plastische Noppen aus Relief-Stäbchen

Maschenzahl teilbar durch 12 + 2 M + 3 Wende-Luftm.

Hinweis: 1 Riesennoppe wird über 5 Reihen gearbeitet, dabei ersetzen 2 Wende-Luftm stets das erste Stäbchen. Nur in der ersten Reihe sind es 3 Wende-Luftm.

HÄKELN NACH MUSTERBESCHREIBUNG

1. Reihe (Hinreihe): 4 Stäbchen in die 4. M ab Nadel, * 2 Stäbchen, 7 zusammen abgemaschte Stäbchen, 2 Stäbchen, 7 Stäbchen in die nächste M; ab * stets wiederholen, 2 Stäbchen, 7 zusammen abgemaschte Stäbchen, 2 Stäbchen, 4 Stäbchen in die vorletzte M, 1 Stäbchen in die letzte M.
2. Reihe (Rückreihe): 2 Wende-Luftm, 4 hintere Relief-Stäbchen, * 2 vordere Relief-Stäbchen, 1 hinteres Relief-Stäbchen, 2 vordere Relief-Stäbchen, 7 hintere Relief-Stäbchen; ab * stets wiederholen, 2 vordere Relief-Stäbchen, 1 hinteres Relief-Stäbchen, 2 vordere Relief-Stäbchen, 4 hintere Relief-Stäbchen, 1 Stäbchen in die 3. Wende-Luftm der Vorreihe.
3. Reihe: 2 Wende-Luftm, 4 vordere Relief-Stäbchen, * 2 hintere Relief-Stäbchen, 1 vorderes Relief-Stäbchen, 2 hintere Relief-Stäbchen, 7 vordere Relief-Stäbchen; ab * stets wiederholen, 2 hintere Relief-Stäbchen, 1 vorderes Relief-Stäbchen, 2 hintere Relief-Stäbchen, 4 vordere Relief-Stäbchen, 1 Stäbchen in die 2. Wende-Luftm der Vorreihe.
4. Reihe: 2 Wende-Luftm, 4 hintere Relief-Stäbchen, * 2 vordere Relief-Stäbchen, 1 hinteres Relief-Stäbchen, 2 vordere Relief-Stäbchen, 7 hintere Relief-Stäbchen; ab * stets wiederholen, 2 vordere Relief-Stäbchen, 1 hinteres Relief-Stäbchen, 2 vordere Relief-Stäbchen, 4 hintere Relief-Stäbchen, 1 Stäbchen in die 2. Wende-Luftm der Vorreihe.
5. Reihe: 2 Wende-Luftm, 4 zusammen abgemaschte vordere Relief-Stäbchen, 2 hintere Relief-Stäbchen, 7 Stäbchen in die nächste M, 2 hintere Relief-Stäbchen, * 7 zusammen abgemaschte vordere Relief-Stäbchen, 2 hintere Relief-Stäbchen, 7 Stäbchen in die nächste M, 2 hintere Relief-Stäbchen; ab * stets wiederholen, 4 zusammen abgemaschte Relief-Stäbchen, 1 Stäbchen in die 2. Wende-Luftm der Vorreihe.
6. Reihe: 2 Wende-Luftm, 1 hinteres Relief-Stäbchen, * 2 vordere Relief-Stäbchen, 7 hintere Relief-Stäbchen, 2 vordere Relief-Stäbchen, 1 hinteres Relief-Stäbchen; ab * stets wiederholen, 1 Stäbchen in die 2. Wende-Luftm der Vorreihe.
7. Reihe: 2 Wende-Luftm, 1 vorderes Relief-Stäbchen, * 2 hintere Relief-Stäbchen, 7 vordere Relief-Stäbchen, 2 hintere Relief-Stäbchen, 1 vorderes Relief-Stäbchen; ab * stets wiederholen, 1 Stäbchen in die 2. Wende-Luftm der Vorreihe.
8. Reihe: 2 Wende-Luftm, 1 hinteres Relief-Stäbchen, * 2 vordere Relief-Stäbchen, 7 hintere Relief-Stäbchen, 2 vordere Relief-Stäbchen, 1 hinteres Relief-Stäbchen; ab * stets wiederholen, 1 Stäbchen in die 2. Wende-Luftm der Vorreihe.
9. Reihe: 2 Wende-Luftm, 4 zusammen abgemaschte Stäbchen, * 2 hintere Relief-Stäbchen, 7 zusammen abgemaschte vordere Relief-Stäbchen, 2 hintere Relief-Stäbchen, 7 Stäbchen in die

nächste M; ab * stets wiederholen, 4 Stäbchen in die vorletzte M, 1 Stäbchen in die 2. Wende-Luftm der Vorreihe.

Die 1. – 9. Reihe 1x arbeiten, dann die 2. – 9. Reihe stets wiederholen.

HÄKELN NACH HÄKELSCHRIFT

In der Häkelschrift sind Hin- und Rückreihen notiert.

In den Hinreihen mit den M vor dem rechten Pfeil beginnen, den Rapport zwischen den Pfeilen stets wiederholen und mit den M nach dem linken Pfeil enden.

In den Rückreihen die M entsprechend von links nach rechts lesen.

Die 1. – 9. Reihe 1x arbeiten, dann die 2. – 9. Reihe stets wiederholen.

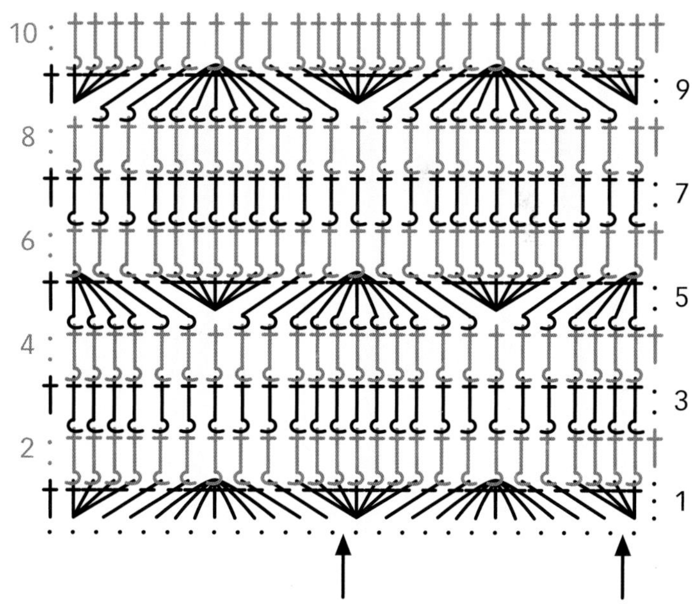

Zeichenerklärung:

- · = 1 Luftmasche
- † = 1 Stäbchen
- = 1 hinteres Relief-Stäbchen
- = 1 vorderes Relief-Stäbchen

Laufen die Zeichen unten zusammen, werden die Maschen in dieselbe Einstichstelle gearbeitet. Laufen die Zeichen oben zusammen, werden die Maschen nacheinander jeweils bis vor das letzte Abmaschen gearbeitet und dann in einem letzten Schritt zusammen abgemascht.

Diagonale Noppen

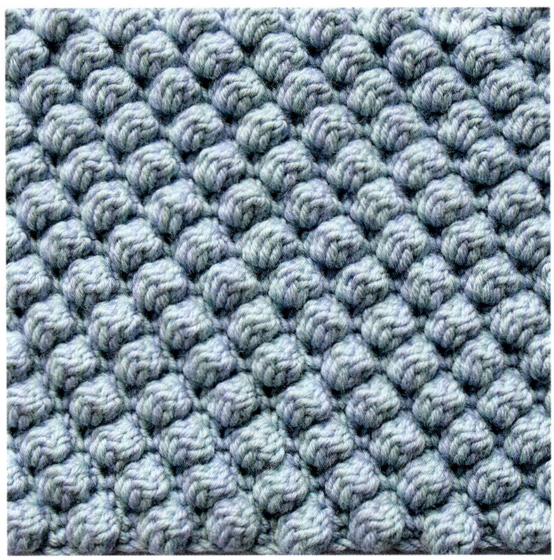

Schwierigkeitsgrad leicht
Kategorie dichtes Noppenmuster aus zusammen abgemaschten Stäbchen und festen Maschen im Wechsel

Maschenzahl teilbar durch 3 + 2 M + 1 Wende-Luftm. 1 Wende-Luftm dient nur zum Aufsteigen in die nächste Reihe und trägt nichts zur Maschenzahl bei.

Noppe: 4 zusammen abgemaschte Stäbchen in dieselbe Einstichstelle.
Hinweis: Die Noppen werden in den Rückreihen gearbeitet und stülpen sich im Muster auf die Vorderseite.

HÄKELN NACH MUSTERBESCHREIBUNG

1. Reihe (Hinreihe): 1 feste M in die 2. M ab Nadel, je 1 feste M in alle folgenden M.
2. Reihe (Rückreihe): 1 Wende-Luftm, 2 feste M, * 1 Noppe, 2 feste M; ab * stets wiederholen.
3. Reihe und alle folgenden Hinreihen: 1 Wende-Luftm, je 1 feste M in alle M.
4. Reihe: 1 Wende-Luftm, 1 feste M, * 1 Noppe, 2 feste M; ab * stets wiederholen, 1 feste M.
6. Reihe: 1 Wende-Luftm, 3 feste M, * 1 Noppe, 2 feste M; ab * stets wiederholen, 1 Noppe in die vorletzte M, 1 feste M in die letzte M.

Die 1. – 7. Reihe 1x arbeiten, dann die 2. – 7. Reihe stets wiederholen.

HÄKELN NACH HÄKELSCHRIFT

In der Häkelschrift sind Hin- und Rückreihen notiert.

In den Hinreihen mit den M vor dem rechten Pfeil beginnen, den Rapport zwischen den Pfeilen stets wiederholen und mit den M nach dem linken Pfeil enden.

In den Rückreihen die M entsprechend von links nach rechts lesen.

Die 1. – 7. Reihe 1x arbeiten, dann die 2. – 7. Reihe stets wiederholen.

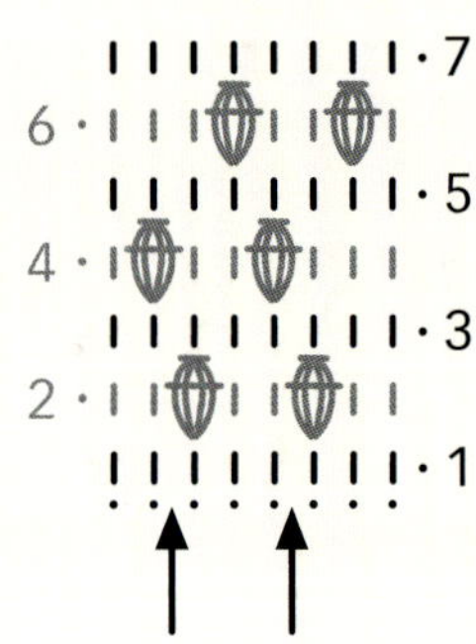

Zeichenerklärung:

• = 1 Luftmasche

ı = 1 feste Masche

= 1 Noppe (= 4 zusammen abgemaschte Stäbchen in dieselbe Einstichstelle)

Schräge Noppen

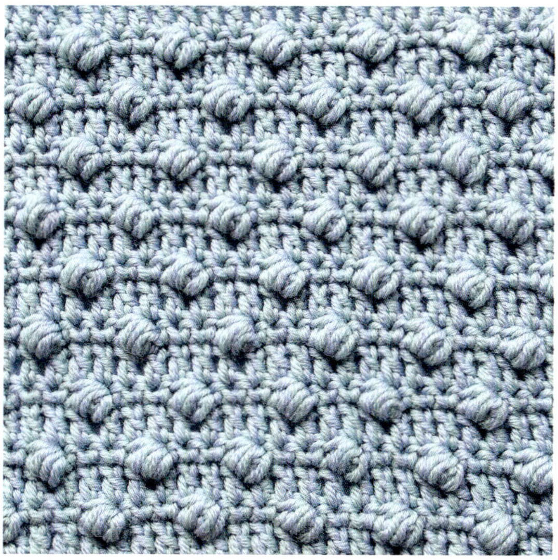

Schwierigkeitsgrad leicht
Kategorie Stäbchen-Reihen und schräge Büschelmaschen im Wechsel

Maschenzahl teilbar durch 4 + 1 M + 3 Wende-Luftm. 3 Wende-Luftmaschen ersetzen stets das erste Stäbchen, 1 Wende-Luftm dient nur zum Aufsteigen in die nächste Reihe und trägt nichts zur Maschenzahl bei.

Noppe (= 4er-Büschelmasche): [1 Umschlag, Nadel in die Masche einstechen, den Faden holen und Schlinge hochziehen] 4x, den Faden holen und durch alle Schlingen ziehen.

HÄKELN NACH MUSTERBESCHREIBUNG

1. Reihe (Hinreihe): 1 Stäbchen in die 5. M ab Nadel, je 1 Stäbchen in alle M.
2. Reihe (Rückreihe): 1 Wende-Luftm, 2 feste M, 1 4er-Büschelm, * 3 feste M, 1 4er-Büschelm; ab * stets wiederholen, 2 feste M.
3. Reihe: 3 Wende-Luftm, je 1 Stäbchen in alle M.
4. Reihe: 1 Wende-Luftm, 4 feste M, 1 4er-Büschelm, * 3 feste M, 1 4er-Büschelm; ab * stets wiederholen, 4 feste M.
5. Reihe: 3 Wende-Luftm, je 1 Stäbchen in alle M.

Die 1. – 5. Reihe 1x arbeiten, dann die 2. – 5. Reihe stets wiederholen.

HÄKELN NACH HÄKELSCHRIFT

In der Häkelschrift sind Hin- und Rückreihen notiert.

In den Hinreihen mit den M vor dem rechten Pfeil beginnen, den Rapport zwischen den Pfeilen stets wiederholen und mit den M nach dem linken Pfeil enden.

In den Rückreihen die M entsprechend von links nach rechts lesen.

Die 1. – 5. Reihe 1x arbeiten, dann die 2. – 5. Reihe stets wiederholen.

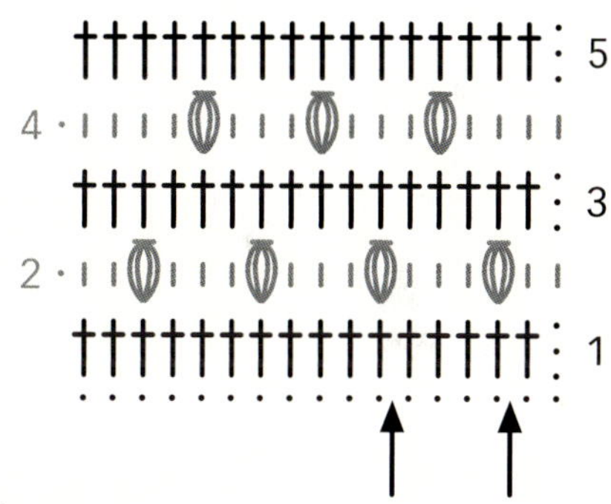

Zeichenerklärung:

· = 1 Luftmasche
ı = 1 feste Masche
† = 1 Stäbchen
 = 1 4er-Büschelmasche (= [1 Umschlag, Nadel in die Masche einstechen, den Faden holen und Schlinge hochziehen] 4x, den Faden holen und durch alle Schlingen ziehen.)

Noppenwellen

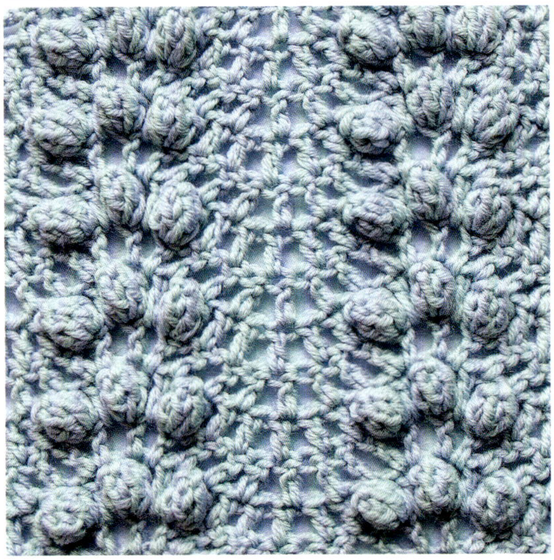

Schwierigkeitsgrad mittel
Kategorie luftiges Wellenmuster mit Popcorn-Maschen

Maschenzahl teilbar durch 16 + 1 M + 3 Wende-Luftm. 3 Wende-Luftm ersetzen stets das erste Stäbchen.

Noppe (= 4er-Popcorn-M): 4 Stäbchen in eine M arbeiten, die Nadel aus der Arbeitsschlinge nehmen und von vorne nach hinten in das 1. Stäbchen stechen, die Arbeitsschlinge wieder aufnehmen und durchziehen.
Hinweis: Die 1. Reihe ist eine Rückreihe.

HÄKELN NACH MUSTERBESCHREIBUNG

1. Reihe (Rückreihe): 1 Stäbchen in die 6. M ab Nadel, 1 M überspringen, 1 Stäbchen, 1 Luftm, 1 M überspringen, 1 Stäbchen, [1 Luftm, 1 Stäbchen] 4x, 1 Luftm, 1 M überspringen, [1 Stäbchen, 1 M überspringen] 2x, * 1 Stäbchen, [1 M überspringen, 1 Stäbchen] 2x, 1 Luftm, 1 M überspringen, [1 Stäbchen, 1 Luftm] 4x, 1 Stäbchen, 1 Luftm, 1 M überspringen, [1 Stäbchen, 1 M überspringen] 2x; ab * stets wiederholen, 1 Stäbchen in die letzte M.
2. Reihe (Hinreihe): 3 Wende-Luftm, * 1 M überspringen, 1 Stäbchen, 1 M überspringen, 1 Stäbchen, 1 Luftm, 1 M überspringen, 1 4er-Popcorn-M, [1 Luftm, 1 Stäbchen, 1 Luftm, 1 4er-Popcorn-M] 2x, 1 Luftm, 1 M überspringen, 1 Stäbchen, 1 M überspringen, 1 Stäbchen, 1 M überspringen, 1 Stäbchen; ab * stets wiederholen und das letzte Stäbchen in die 3. Wende-Luftm der Vorreihe arbeiten.
3. Reihe: 3 Wende-Luftm, * [1 M überspringen, 1 Stäbchen] 2x, 1 Luftm, 1 Stäbchen, 1 Luftm, 1 M überspringen, 1 Stäbchen, [1 Luftm, 1 Stäbchen] 2x, 1 Luftm, 1 M überspringen, 1 Stäbchen, 1 Luftm, 1 Stäbchen, [1 M überspringen, 1 Stäbchen] 2x; ab * stets wiederholen, dabei das letzte Stäbchen in die 3. Wende-Luftm der Vorreihe arbeiten.

Die 1. – 3. Reihe 1x arbeiten, dann die 2. – 3. Reihe stets wiederholen.

HÄKELN NACH HÄKELSCHRIFT

In der Häkelschrift sind Hin- und Rückreihen notiert.

In den Hinreihen mit den M vor dem rechten Pfeil beginnen, den Rapport zwischen den Pfeilen stets wiederholen und mit den M nach dem linken Pfeil enden.

In den Rückreihen die M entsprechend von links nach rechts lesen.

Die 1. – 3. Reihe 1x arbeiten, dann die 2. – 3. Reihe stets wiederholen. Die 1. Reihe ist eine Rückreihe.

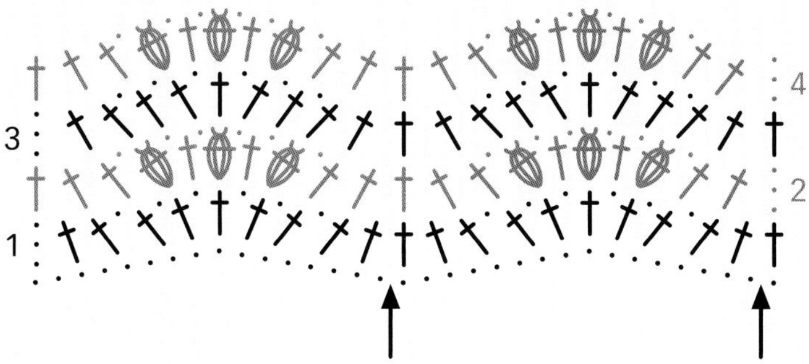

Zeichenerklärung:

• = 1 Luftmasche

† = 1 Stäbchen

= 1 4er-Popcorn-Masche (= 4 Stäbchen in eine M arbeiten, die Nadel aus der Arbeitsschlinge nehmen und von vorne nach hinten in das 1. Stäbchen stechen, die Arbeitsschlinge wieder aufnehmen und durchziehen.)

Gittermuster mit Maxinoppen

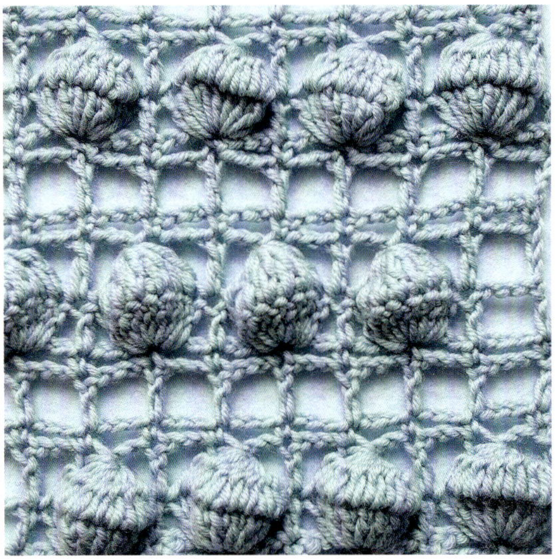

Schwierigkeitsgrad mittel
Kategorie Gittermuster mit großen plastischen Noppen

Maschenzahl teilbar durch 8 + 5 M + 1 Wende-Luftm. 3 Wende-Luftm ersetzen stets das erste Stäbchen, 1 Wende-Luftm dient nur zum Aufsteigen in die nächste Reihe und trägt nichts zur Maschenzahl bei.

Hinweis: Die Maxi-Noppen bilden sich über zwei Reihen: In der ersten Reihe werden 9 Stäbchen in eine M gearbeitet, die in der nächsten Reihe zusammen abgemascht werden. Die Noppen können in einer Hin- oder Rückreihe gestartet und entsprechend zur Vorderseite gestülpt werden.

HÄKELN NACH MUSTERBESCHREIBUNG

1. Reihe (Rückreihe): 1 feste M in die 2. M ab Nadel, * 3 Luftm, 3 M überspringen, 1 feste M; ab * stets wiederholen.
2. Reihe (Hinreihe): 3 Wende-Luftm, * 3 M überspringen, 9 Stäbchen in die nächste feste M, 3 M überspringen, 1 Stäbchen in die nächste feste M; ab * stets wiederholen, 3 Luftm, 3 M überspringen, 1 Stäbchen in die letzte feste M.
3. Reihe: 3 Wende-Luftm, 3 Luftm, 3 M überspringen, 1 Stäbchen in das Stäbchen der Vorreihe, * 3 Luftm, 9 zusammen abgemaschte Stäbchen, 3 Luftm, 1 Stäbchen; ab * stets wiederholen.
4. Reihe: 1 Wende-Luftm, 1 feste M in die erste M, * 3 Luftm, 3 M überspringen, 1 feste M in die nächste M; ab * stets wiederholen.
5. Reihe: 3 Wende-Luftm, * 3 Luftm, 3 M überspringen, 1 Stäbchen in die nächste feste M; ab * stets wiederholen.
6. Reihe: Wie die 4. Reihe häkeln.
7. Reihe: 3 Wende-Luftm, * 3 M überspringen, 9 Stäbchen in die nächste feste M, 3 M überspringen, 1 Stäbchen in die nächste feste M; ab * stets wiederholen, 3 Luftm, 3 M überspringen, 1 Stäbchen in die letzte feste M.
8. Reihe: 3 Wende-Luftm, 3 Luftm, 1 Stäbchen in das nächste Stäbchen, * 3 Luftm, 9 zusammen abgemaschte Stäbchen, 3 Luftm, 1 Stäbchen in das nächste Stäbchen; ab * stets wiederholen, dabei das letzte Stäbchen in die 3. Wende-Luftm der Vorreihe arbeiten.
9. Reihe: Wie die 4. Reihe häkeln.
10. Reihe: Wie die 5. Reihe häkeln.
11. Reihe: Wie die 4. Reihe häkeln.

Die 1. – 11. Reihe 1x arbeiten, dann die 2. – 11. Reihe stets wiederholen.

HÄKELN NACH HÄKELSCHRIFT

In der Häkelschrift sind Hin- und Rückreihen notiert.

In den Hinreihen mit den M vor dem rechten Pfeil beginnen, den Rapport zwischen den Pfeilen stets wiederholen und mit den M nach dem linken Pfeil enden.

In den Rückreihen die M entsprechend von links nach rechts lesen.

Die 1. – 11. Reihe 1x arbeiten, dann die 2. – 11. Reihe stets wiederholen. Die 1. Reihe ist eine Rückreihe.

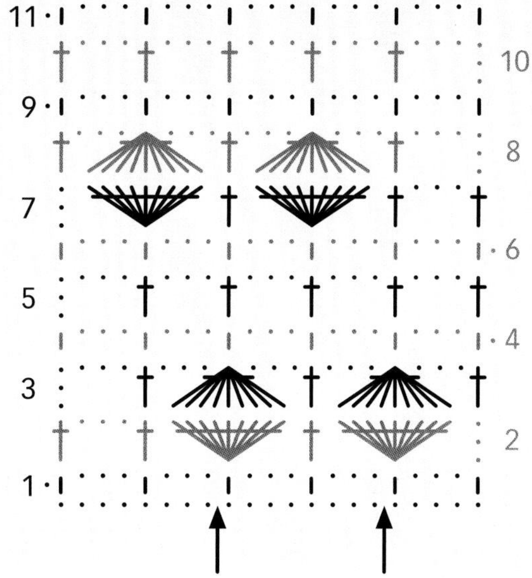

Zeichenerklärung:

- · = 1 Luftmasche
- ı = 1 feste Masche
- † = 1 Stäbchen
- 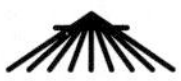 = 9 Stäbchen zusammen abmaschen
-  = 9 Stäbchen in 1 Masche häkeln

Laufen die Zeichen unten zusammen, werden die Maschen in dieselbe Einstichstelle gearbeitet. Laufen die Zeichen oben zusammen, werden die Maschen nacheinander jeweils bis vor das letzte Abmaschen gearbeitet und dann in einem letzten Schritt zusammen abgemascht.

Büschelnetz

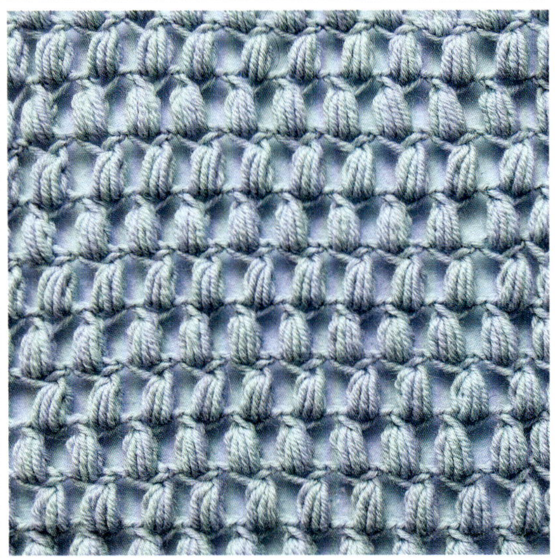

Schwierigkeitsgrad mittel
Kategorie luftiges Netzmuster aus Büschelmaschen

Maschenzahl teilbar durch 2 + 1 M + 3 Wende-Luftm. 3 Wende-Luftm dienen hier nur zum Aufsteigen in die nächste Reihe und tragen nichts zur Maschenzahl bei.

Noppe (= 4er-Büschelm): [1 Umschlag, in die M einstechen, den Faden holen und die Schlinge hochziehen] 4x, den Faden holen und durch 8 Schlingen ziehen, den Faden holen und durch die letzten beiden Schlingen ziehen.

HÄKELN NACH MUSTERBESCHREIBUNG

1. Reihe (Hinreihe): 1 4er-Büschelm in die 4. M ab Nadel, * 1 Luftm, 1 M überspringen, 1 4er-Büschelm in die nächste M; ab * stets wiederholen.
2. Reihe (Rückreihe): 3 Wende-Luftm, 1 4er-Büschelm in die erste M, * 1 Luftm, 1 M überspringen, 1 4er-Büschelm in die nächste M; ab * stets wiederholen.
3. Reihe: 3 Wende-Luftm, 1 4er-Büschelm in die erste M, * 1 Luftm, 1 M überspringen, 1 4er-Büschelm in die nächste M; ab * stets wiederholen.

Die 1. – 3. Reihe 1x arbeiten, dann die 2. – 3. Reihe stets wiederholen.

HÄKELN NACH HÄKELSCHRIFT

In der Häkelschrift sind Hin- und Rückreihen notiert

In den Hinreihen mit den M vor dem rechten Pfeil beginnen, den Rapport zwischen den Pfeilen stets wiederholen und mit den M nach dem linken Pfeil enden.

In den Rückreihen die M entsprechend von links nach rechts lesen.

Die 1. – 3. Reihe 1x arbeiten, dann die 2. – 3. Reihe stets wiederholen.

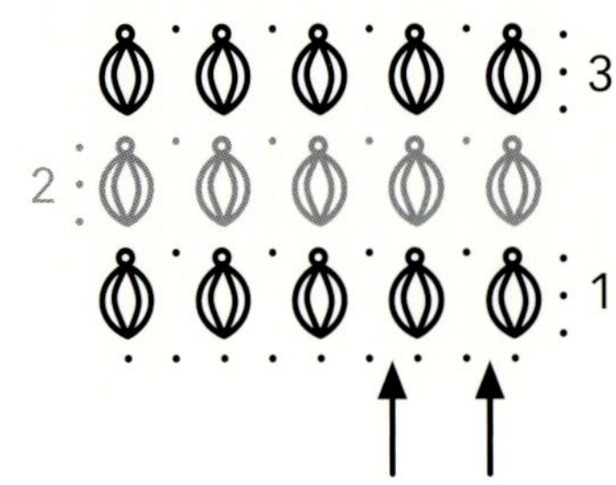

Zeichenerklärung:

- • = 1 Luftmasche
- (Symbol) = 1 4er-Büschelmasche (= [1 Umschlag, in die Masche einstechen, den Faden holen und die Schlinge hochziehen] 4x, den Faden holen und durch 8 Schlingen ziehen, den Faden holen und durch die letzten beiden Schlingen ziehen.)

Noppenbänder

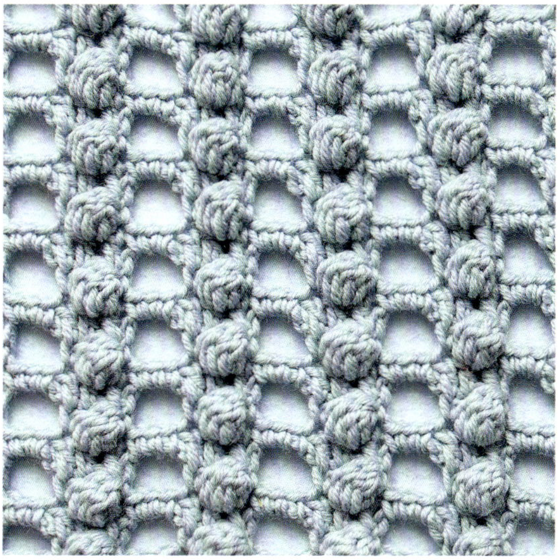

Schwierigkeitsgrad mittel
Kategorie Kästchenmuster mit Noppenbändern

Maschenzahl teilbar durch 6 + 1 M +1 Wende-Luftm. 3 Wende-Luftm ersetzen stets das erste Stäbchen, 1 Wende-Luftm dient nur zum Aufsteigen in die nächste Reihe und trägt nichts zur Maschenzahl bei.

Noppe: 4 zusammen abgemaschte Stäbchen in eine M arbeiten.

HÄKELN NACH MUSTERBESCHREIBUNG

1. Reihe (Hinreihe): 1 feste M in die 2. M ab Nadel, je 1 feste M in alle M.
2. Reihe (Rückreihe): 1 Wende-Luftm, 2 feste M, * 5 Luftm, 3 M überspringen, 1 feste M in die nächste M, 1 Noppe, 1 feste M; ab * stets wiederholen, 5 Luftm, 3 M überspringen, 2 feste M.
3. Reihe: 3 Wende-Luftm, 1 Stäbchen, * 3 feste M um den nächsten Luftm-Bogen der Vorreihe, 3 Stäbchen; ab * stets wiederholen, 3 feste M um den letzten Luftm-Bogen der Vorreihe, 2 Stäbchen.
4. Reihe: Wie die 2. Reihe häkeln, dabei die letzte feste M in die 3. Wende-Luftm der Vorreihe arbeiten.

Die 1. – 4. Reihe 1x arbeiten, dann die 3. – 4. Reihe stets wiederholen.

HÄKELN NACH HÄKELSCHRIFT

In der Häkelschrift sind Hin- und Rückreihen notiert.

In den Hinreihen mit den M vor dem rechten Pfeil beginnen, den Rapport zwischen den Pfeilen stets wiederholen und mit den M nach dem linken Pfeil enden.

In den Rückreihen die M entsprechend von links nach rechts lesen.

Die 1. – 4. Reihe 1x arbeiten, dann die 3. – 4. Reihe stets wiederholen.

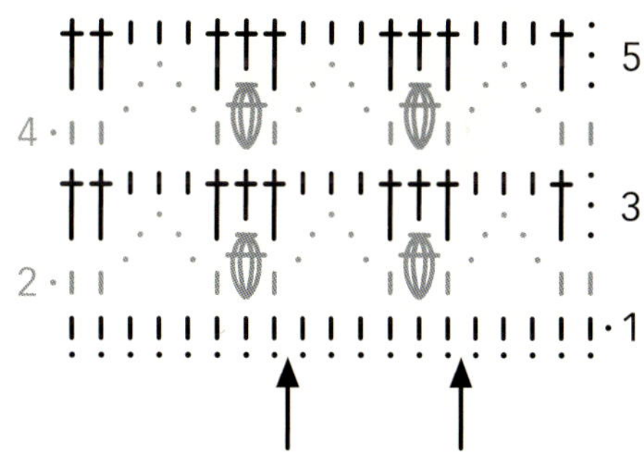

Zeichenerklärung:

- · = 1 Luftmasche
- ı = 1 feste Masche
- † = 1 Stäbchen
- Noppe-Symbol = 1 Noppe (= 4 zusammen abgemaschte Stäbchen in dieselbe Einstichstelle)

Pilzmuster

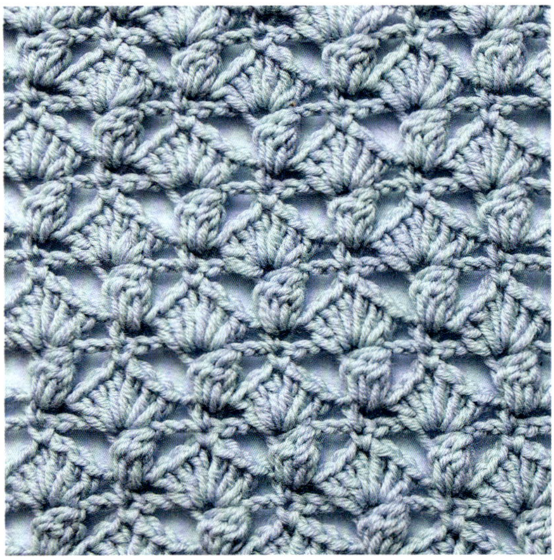

Schwierigkeitsgrad mittel
Kategorie Muscheln und Noppen in der Diagonalen

Maschenzahl teilbar durch 8 + 1 M + 3 Wende-Luftm. 3 Wende-Luftm ersetzen stets das erste Stäbchen, 1 Wende-Luftm dient nur zum Aufsteigen in die nächste Reihe und trägt nichts zur Maschenzahl bei.

Noppe: 4 zusammen abgemaschte Stäbchen in eine M arbeiten.

HÄKELN NACH MUSTERBESCHREIBUNG

1. Reihe (Hinreihe): 2 Stäbchen in die 4. M ab Nadel, * 1 Luftm, 3 M überspringen, 1 feste M in die nächste M, 1 Luftm, 3 M überspringen, [3 Stäbchen, 1 Luftm, 3 Stäbchen] in die nächste M; ab * stets wiederholen, 1 Luftm, 3 M überspringen, 1 feste M in die nächste M, 1 Luftm, 3 M überspringen, 3 Stäbchen in die letzte M.
2. Reihe (Rückreihe): 1 Wende-Luftm, 1 feste M in die erste M, 3 Luftm, 3 M überspringen, 1 Noppe in die nächste feste M der Vorreihe, * 3 Luftm, 4 M überspringen, 1 feste M um die Luftm zwischen der nächsten Stäbchen-Gruppe der Vorreihe, 3 Luftm, 4 M überspringen, 1 Noppe in die nächste feste M der Vorreihe; ab * stets wiederholen, 3 Luftm, 3 M überspringen, 1 feste M in die 3. Wende-Luftm der Vorreihe arbeiten.
3. Reihe: 1 Wende-Luftm, 1 feste M in die erste M, * 1 Luftm, 3 M überspringen, [3 Stäbchen, 1 Luftm, 3 Stäbchen] in die nächste Noppe der Vorreihe, 1 Luftm, 3 M überspringen, 1 feste M in die nächste feste M der Vorreihe; ab * stets wiederholen.
4. Reihe: 3 Wende-Luftm, * 3 Luftm, 4 M überspringen, 1 feste M um die Luftm zwischen der nächsten Stäbchen-Gruppe der Vorreihe, 3 Luftm, 4 M überspringen, 1 Noppe in die nächste feste M der Vorreihe; ab * stets wiederholen, 3 Luftm, 4 M überspringen, 1 feste M um die Luftm zwischen der nächsten Stäbchen-Gruppe der Vorreihe, 3 Luftm, 4 M überspringen, 1 Stäbchen in die letzte feste M der Vorreihe.
5. Reihe: 3 Wende-Luftm, 2 Stäbchen in die erste M, * 1 Luftm, 3 M überspringen, 1 feste M in die nächste feste M der Vorreihe, 1 Luftm, 3 M überspringen, [3 Stäbchen, 1 Luftm, 3 Stäbchen] in die nächste Noppe der Vorreihe; ab * stets wiederholen, 1 Luftm, 3 M überspringen, 1 feste M in die nächste feste M der Vorreihe, 1 Luftm, 3 M überspringen, 3 Stäbchen in die 3. Wende-Luftm der Vorreihe.
6. Reihe: Wie die 2. Reihe häkeln.

Die 1. – 6. Reihe 1x arbeiten, dann die 3. – 6. Reihe stets wiederholen.

HÄKELN NACH HÄKELSCHRIFT

In der Häkelschrift sind Hin- und Rückreihen notiert.

In den Hinreihen mit den M vor dem rechten Pfeil beginnen, den Rapport zwischen den Pfeilen stets wiederholen und mit den M nach dem linken Pfeil enden.

In den Rückreihen die M entsprechend von links nach rechts lesen.

Die 1. – 6. Reihe 1x arbeiten, dann die 3. – 6. Reihe stets wiederholen.

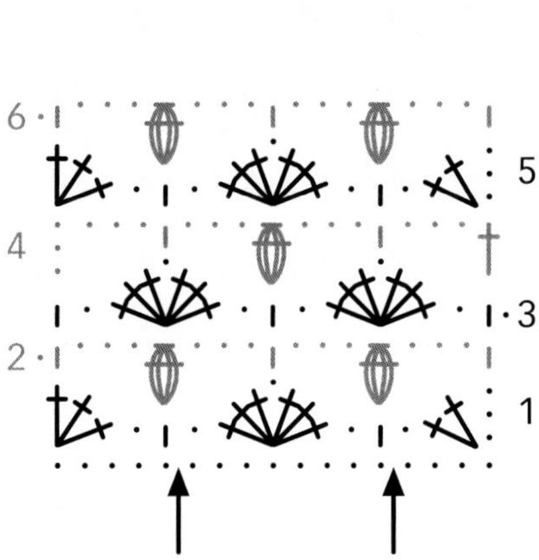

Zeichenerklärung:

- • = 1 Luftmasche
- ı = 1 feste Masche
- † = 1 Stäbchen
- (Noppe) = 1 Noppe (= 4 zusammen abgemaschte Stäbchen in dieselbe Einstichstelle)

Laufen die Zeichen unten zusammen, werden die Maschen in dieselbe Einstichstelle gearbeitet.

Lochmusterstreifen

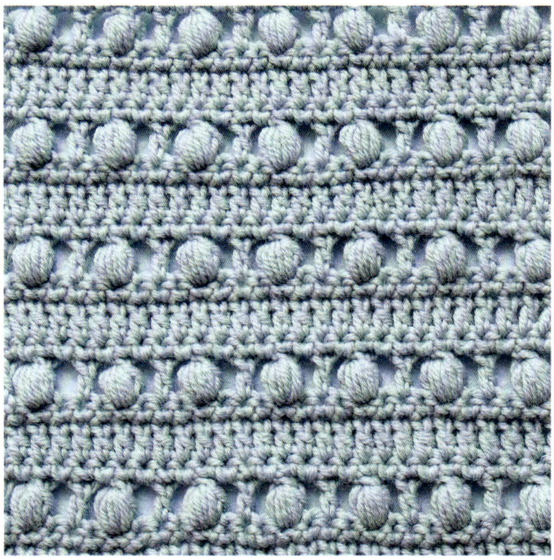

Schwierigkeitsgrad mittel
Kategorie Muster mit Durchbruchstreifen

Maschenzahl teilbar durch 4 + 1 M + 3 Wende-Luftm. 3 Wende-Luftm ersetzen stets das erste Stäbchen, 1 Wende-Luftm dient nur zum Aufsteigen in die nächste Reihe und trägt nichts zur Maschenzahl bei.

Noppe (= 5er-Büschelm): [1 Umschlag, die Nadel in die M einstechen, den Faden holen und die Schlinge hochziehen] 5x, den Faden holen und durch 10 Schlingen ziehen, den Faden holen und durch die letzten beiden Schlingen ziehen.
Hinweis: Ab der 4. Reihe werden die festen M um die Luftm der Vorreihe gehäkelt.

HÄKELN NACH MUSTERBESCHREIBUNG

1. Reihe (Hinreihe): 1 Stäbchen in die 5. M ab Nadel, je 1 Stäbchen in alle folgenden M.
2. Reihe (Rückreihe): 1 Wende-Luftm, je 1 feste M in alle folgenden M.
3. Reihe: 3 Wende-Luftm, * 1 Luftm, 1 M überspringen, 1 5er-Büschelm, 1 Luftm, 1 M überspringen, 1 Stäbchen; ab * stets wiederholen.
4. Reihe: Wie die 2. Reihe arbeiten.
5. Reihe: 3 Wende-Luftm, je 1 Stäbchen in alle folgenden M.

Die 1. – 5. Reihe 1x arbeiten, dann die 2. – 5. Reihe stets wiederholen.

HÄKELN NACH HÄKELSCHRIFT

In der Häkelschrift sind Hin- und Rückreihen notiert.

In den Hinreihen mit den M vor dem rechten Pfeil beginnen, den Rapport zwischen den Pfeilen stets wiederholen und mit den M nach dem linken Pfeil enden.

In den Rückreihen die M entsprechend von links nach rechts lesen.

Die 1. – 5. Reihe 1x arbeiten, dann die 2. – 5. Reihe stets wiederholen.

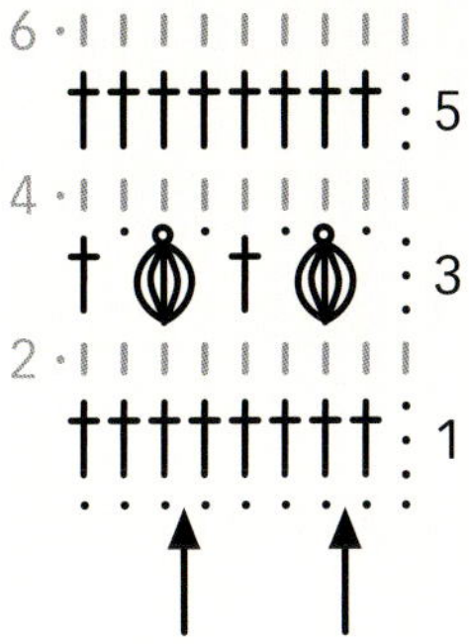

Zeichenerklärung:

· = 1 Luftmasche

ı = 1 feste Masche

† = 1 Stäbchen

 = 1 5er-Büschelmasche (= [1 Umschlag, die Nadel in die M einstechen, den Faden holen und die Schlinge hochziehen] 5x, den Faden holen und durch 10 Schlingen ziehen, den Faden holen und durch die letzten beiden Schlingen ziehen.)

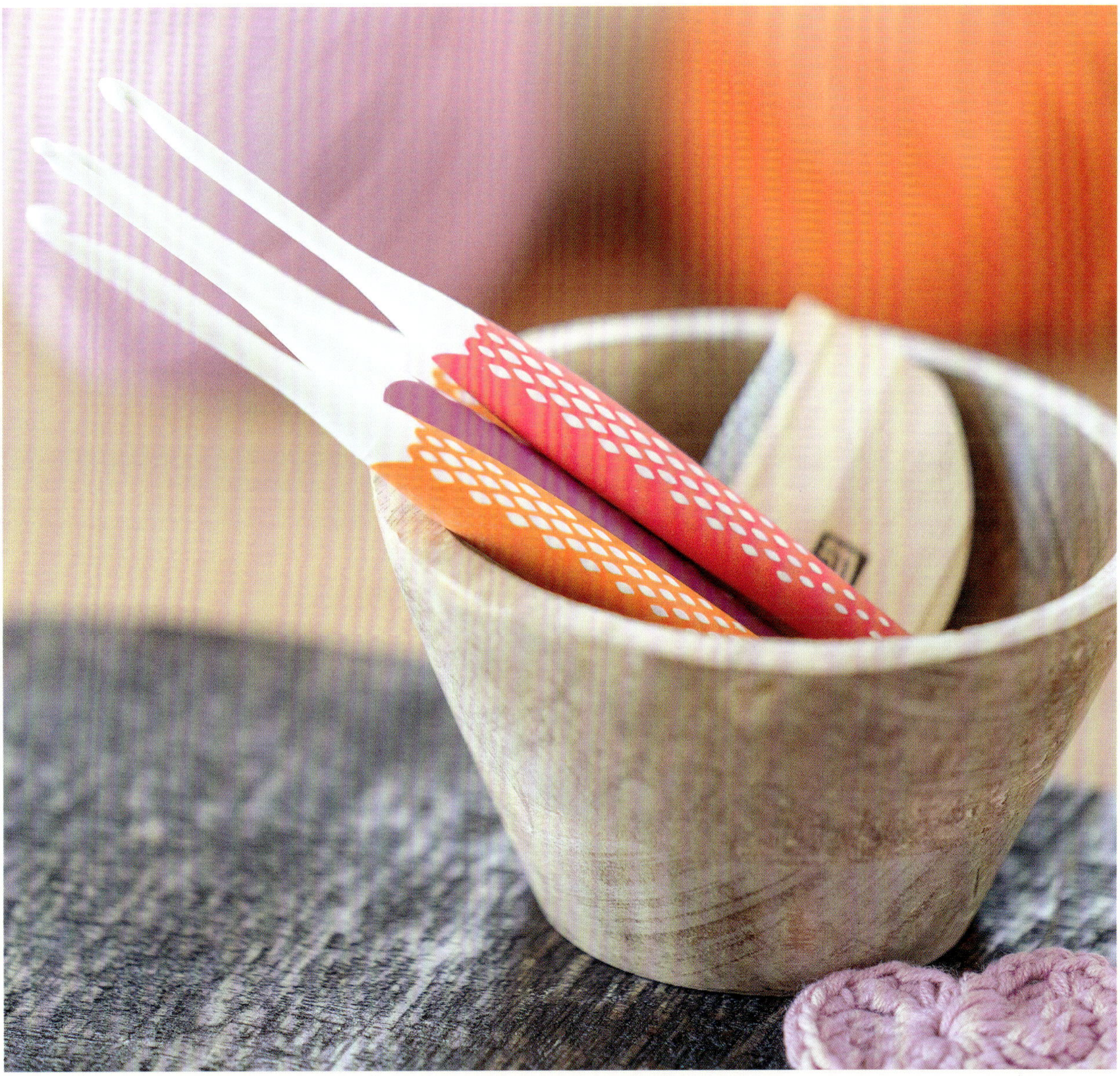

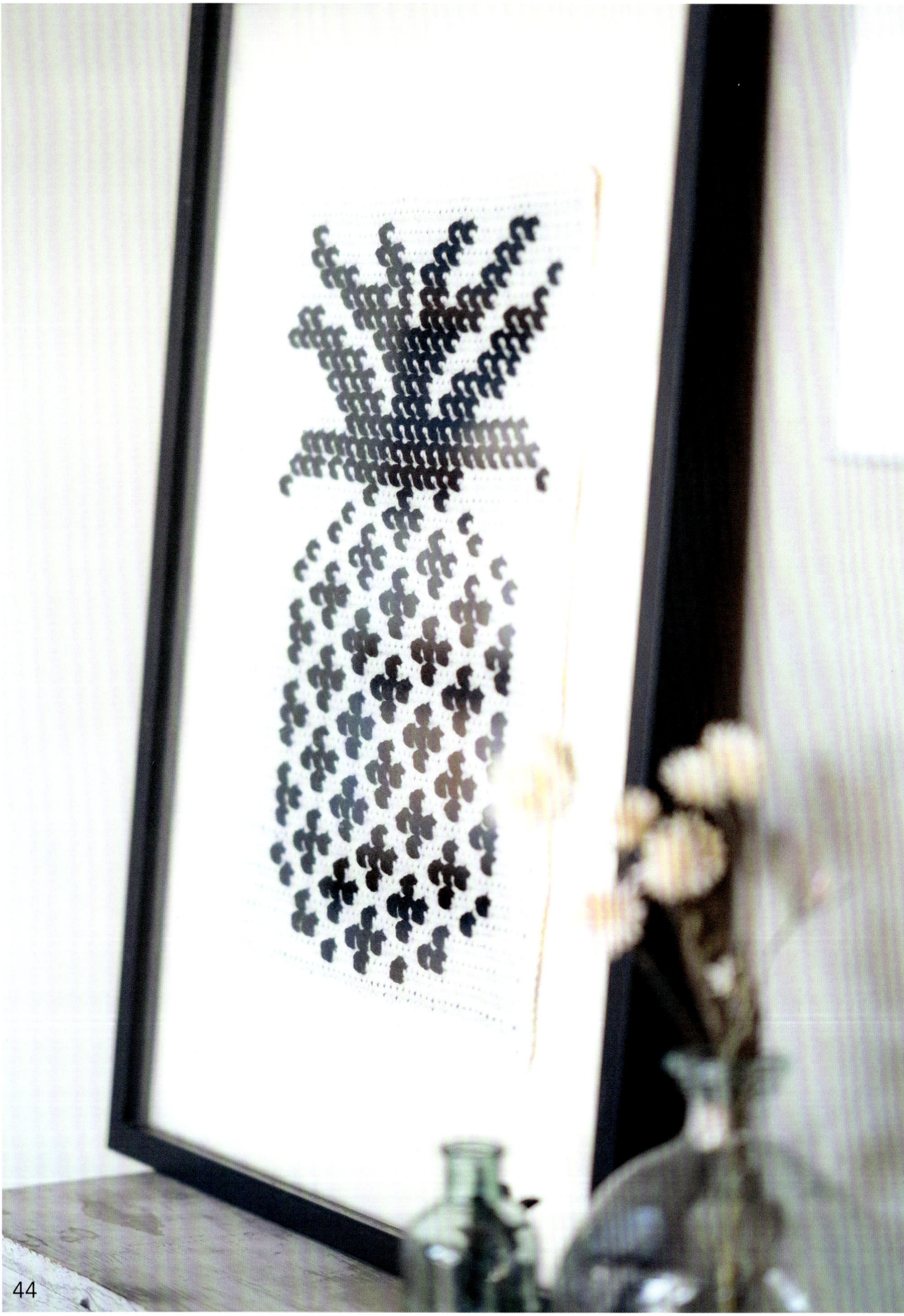

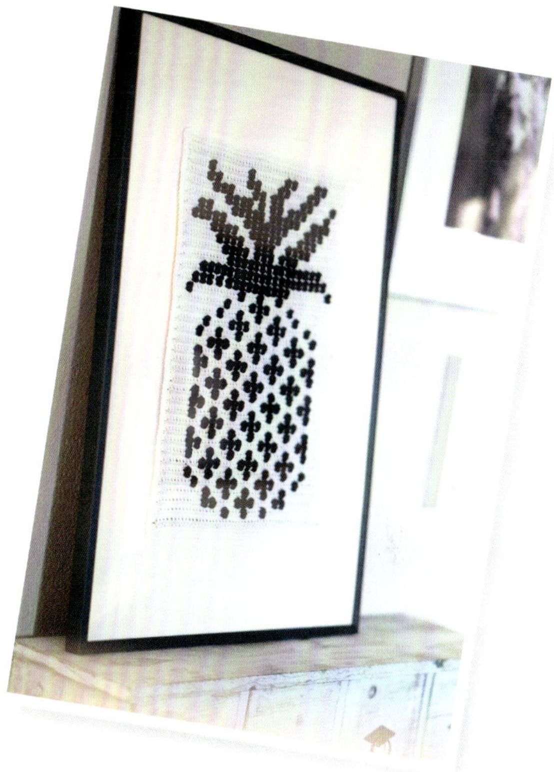

Wandbild Ananas

Schwierigkeitsgrad: einfach

Hier wird das Tupfenmuster von Seite 12 für ein Ananasmotiv verwendet. Die Häkelweise der Noppen bleibt dabei gleich, man folgt einfach Reihe für Reihe dem Zählmuster und sieht so ganz allmählich das Motiv entstehen. Alternativ kann das Wandbild auch – an einen schönen Zweig gebunden – als Wandbehang gestaltet werden.

Größe:
32 cm x 47 cm

Material:
Lana Grossa Bingo (100 % Schurwolle (Merino extrafein), LL = 80 m/50 g): 200 g Rohweiß (Fb 5) und 100 g Schwarz (Fb 24); Häkelnadel in 4,5 mm; Wollnadel; Fotokarton, 50 cm x 70 cm; Objektrahmen, 50 cm x 70 cm; Heißkleber

Muster und besondere Maschen:
Tupfenmuster:
Nach Zählmuster arbeiten. Jedes schwarze Kästchen steht für eine Noppe in Schwarz, jedes weiße Kästchen für eine feste M in Rohweiß. Das schwarze Garn wird in allen Reihen mitgeführt. Beim Farbwechsel wird stets die letzte M mit der jeweils neuen Farbe abgemascht.

Alle Noppen werden in den Rückreihen gearbeitet und erscheinen auf der Vorderseite.
Es sind Hin- und Rückreihen notiert. Die Hinreihen von rechts nach links, die Rückreihen von links nach rechts lesen. Die notierten 51 Maschen und 75 Reihen 1x arbeiten.

Noppe: 3 zusammen abgemaschte Stäbchen in dieselbe Einstichstelle.

Maschenprobe:
17 Maschen x 16,5 Reihen = 10 cm x 10 cm.

So wird's gemacht:

51 Luftm und zusätzlich 1 Wende-Luftm mit Rohweiß anschlagen, ab hier stets den Faden in Schwarz mitführen. 3 Reihen feste M häkeln.

Die 4. Reihe ist die erste Noppen-Reihe. Noppen-Reihen sind immer Rückreihen und werden daher von links nach rechts gelesen. Es ist hilfreich, sich das Zählmuster eventuell vergrößert auszudrucken und die jeweils aktuelle Reihe zu markieren.

Nach insgesamt 75 Reihen das Wandbild um 90° drehen und mit 2 Runden feste M in Rohweiß umhäkeln, dabei an den Ecken je 1 Luftm arbeiten.

Fertigstellung:
Alle Fäden vernähen. Das Wandbild gut anfeuchten, auf das angegebene Maß spannen und vollständig trocknen lassen. Mit einigen Tupfen Heißkleber mittig auf einen Fotokarton kleben und rahmen.

Zeichenerklärung:

☐ = 1 feste Masche in Rohweiß

■ = 1 Noppe (= 3 zusammen abgemaschte Stäbchen in dieselbe Einstichstelle) in Schwarz

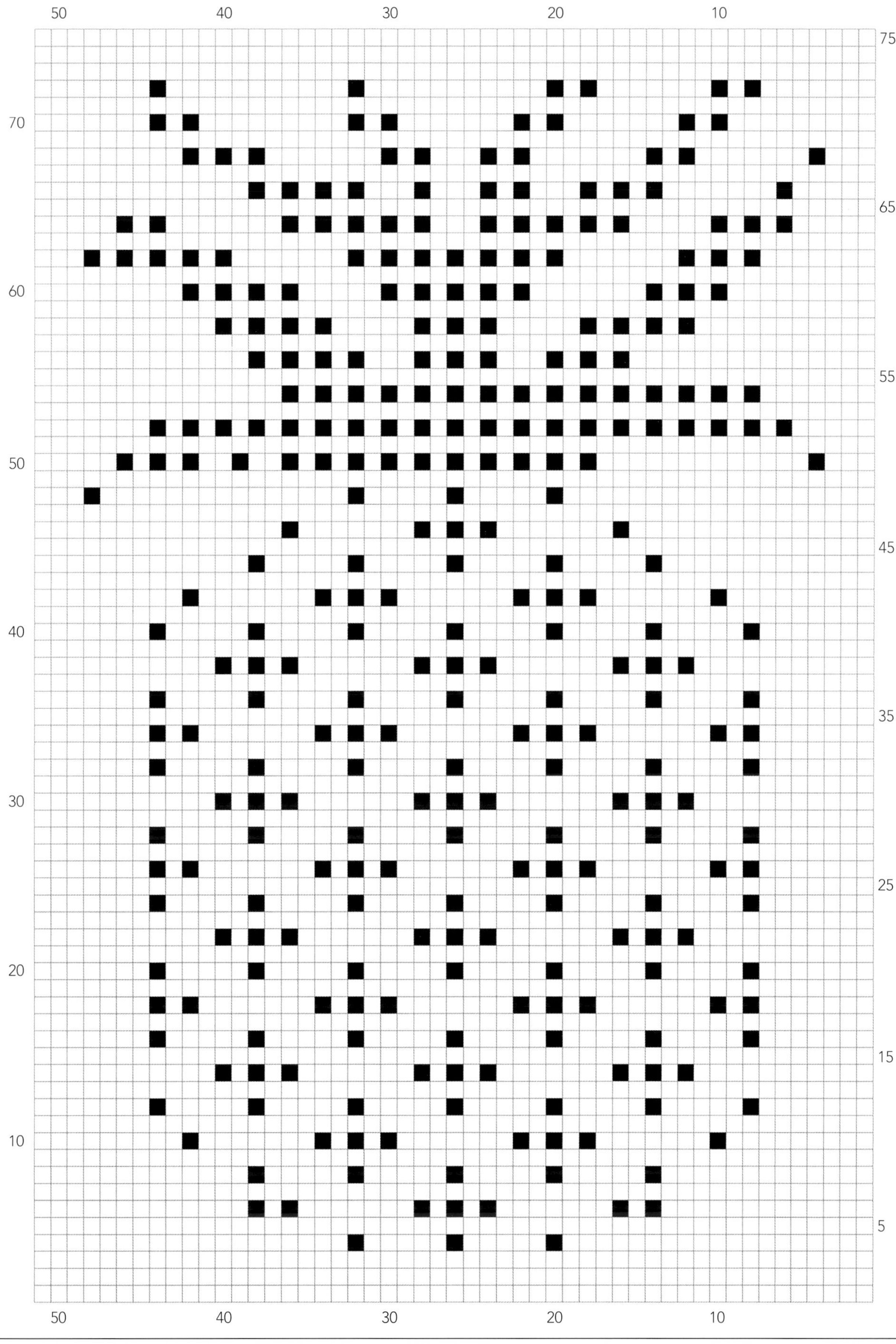

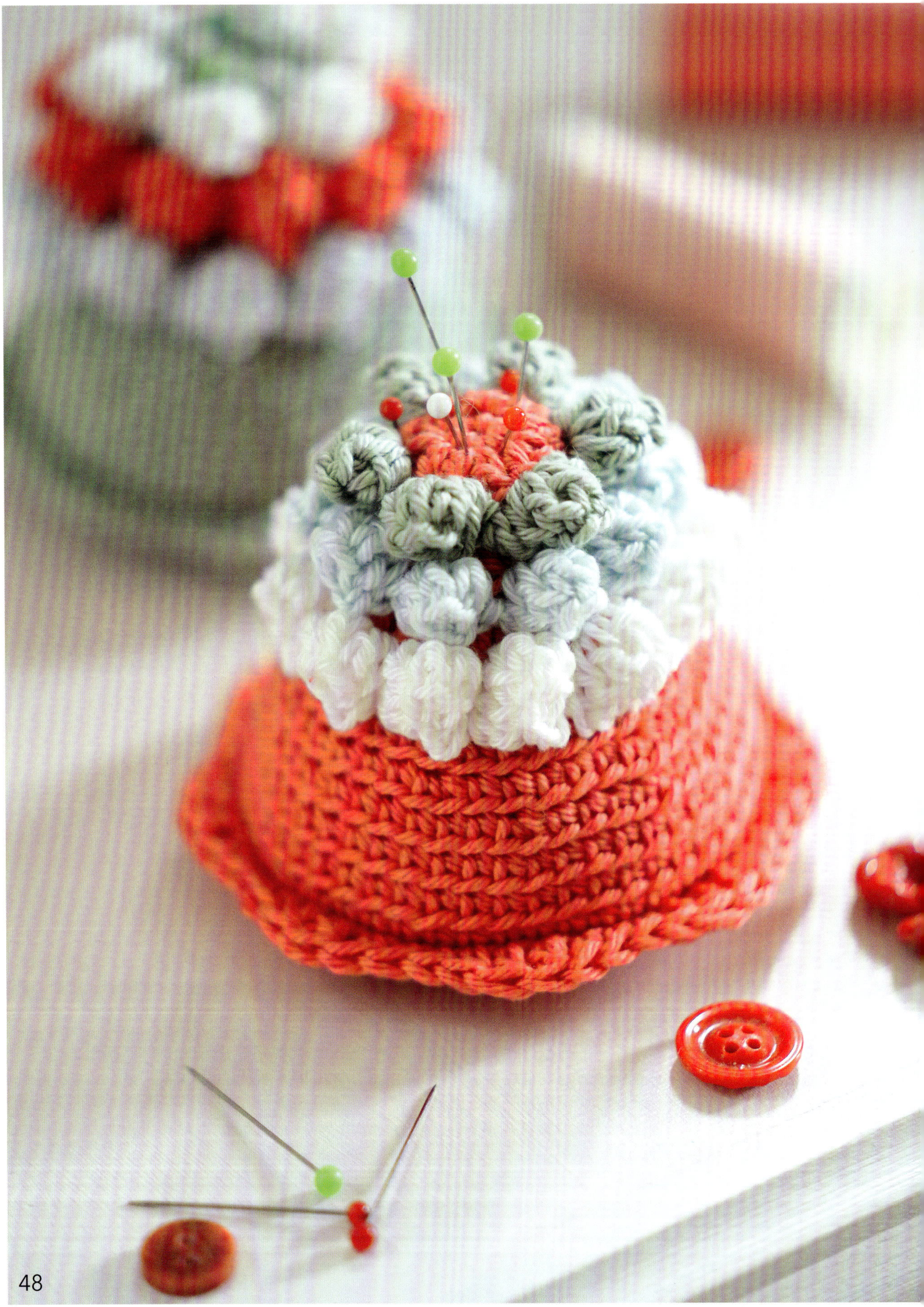

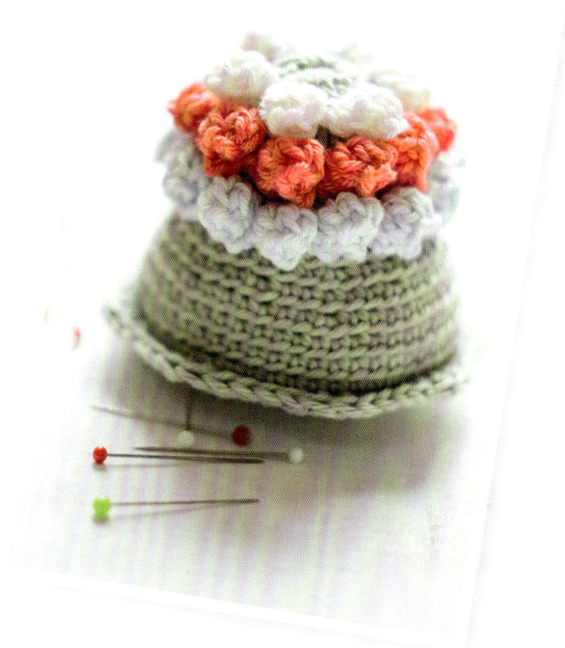

Nadelkissen

Schwierigkeitsgrad: mittel

Für das süße Nadelkissen verwenden wir die Blüte aus stehenden Popcorn-Maschen des Blüten-Grannys von Seite 13. Dieses Projekt ist ein prima Resteverwerter von Baumwollgarnen und ein tolles Mitbringsel für jeden Handarbeitsfreund.

Größe:

6 cm hoch, 6 cm im Durchmesser (ohne Bogenkante)

Material:

Lana Grossa Cotone (100 % Baumwolle, LL = 125 m/50 g): je 50 g Azalee (Fb 82), Pastelltürkis (Fb 78), Graugrün (Fb 97) und Rohweiß (Fb 28); Häkelnadel in 2,5 mm; Wollnadel; Maschenmarkierer, Füllwatte oder Wollreste.

Muster und besondere Maschen

Feste M in geschlossenen Runden: Jede Runde beginnt mit 1 Steige-Luftm und endet mit 1 Kettm in die 1. feste M. Ab der 3. Runde werden alle festen M in das hintere Maschenglied der M der Vorrunde gearbeitet.

Noppe (= 5er-Popcorn-M): 5 Stäbchen in eine M arbeiten. Die Nadel aus der Arbeitsschlinge nehmen und von vorne nach hinten in das 1. Stäbchen stechen, die Arbeitsschlinge wieder aufnehmen und durchziehen.

So wird's gemacht:

Zunächst wird der obere Teil des Nadelkissens gehäkelt. Alle hier verwendeten festen M werden stets in das hintere Maschenglied gearbeitet. Anschließend werden die Popcorn-M an die freigebliebenen vorderen Maschenglieder der 3., 5. und 7. Runde gehäkelt.
Dann wird der Boden in Runden mit festen M gehäkelt. Das Nadelkissen wird mit Füllwatte oder Wollresten ausgestopft und der Boden mit dem oberen Teil zusammengehäkelt. Zuletzt wird die untere Wellenborte angehäkelt.

Mit **Azalee** einen Fadenring legen und wie folgt beginnen:

1. Runde: 1 Steige-Luftm, 6 feste M, 1 Kettm in die 1. feste M (= 6 Maschen). Den Fadenring zusammenziehen.
2. Runde: 3 Steige-Luftm, 1 Stäbchen in die 1. M, je 2 Stäbchen in alle restlichen M, 1 Kettm in die erste M (= 12 Maschen).
3. Runde: 1 Steige-Luftm, je 1 feste M ins hintere Maschenglied in alle M, 1 Kettm in die 1. feste M (= 12 Maschen).
4. Runde: 3 Steige-Luftm, 2 Stäbchen in die nächste M, * 1 Stäbchen, 2 Stäbchen in die nächste M; ab * stets wiederholen, 1 Kettm in die erste M (= 18 Maschen).
5. Runde: Wie die 3. Runde häkeln (= 18 Maschen).
6. Runde: 3 Steige-Luftm, 1 Stäbchen, 2 Stäbchen in die nächste M, * 2 Stäbchen, 2 Stäbchen in die nächste M; ab * stets wiederholen, 1 Kettm in die erste M (= 24 Maschen).
7. Runde: Wie die 3. Runde häkeln (= 24 Maschen).

Ab hier werden nur noch feste M ins hintere Maschenglied gearbeitet und in jeder Runde wie folgt 6 M zugenommen.

8. Runde: Jede 4. M verdoppeln (= 30 Maschen).
9. Runde: Jede 5. M verdoppeln (= 36 Maschen).
10. Runde: Jede 6. M verdoppeln (= 42 Maschen).
11. Runde: Jede 7. M verdoppeln (= 48 Maschen).
12. - 14. Runde: Feste M ins hintere Maschenglied ohne Zunahme arbeiten (= 48 Maschen). Dann den Faden abschneiden.

Mit **Graugrün** an einem der freien vorderen Maschenglieder der 3. Runde anschlingen und eine Runde 5er-Popcorn-M arbeiten, dabei stets in die freigebliebenen vorderen Maschenglieder arbeiten: * 3 Luftm, 1 5er-Popcorn-M in die nächste M, 3 Luftm, 1 Kettm in die nächste M; ab * stets wiederholen, die letzte Kettm in die 1. M der Runde arbeiten (= 6 Noppen).
Mit **Pastelltürkis** an einem der freien vorderen Maschenglieder der 5. Runde anschlingen und in der gleichen Weise 1 Runde 5er-Popcorn-M arbeiten (= 9 Noppen).
Mit **Rohweiß** eine letzte Runde 5er-Popcorn-M in der gleichen Weise an die vorderen Maschenglieder der 7. Runde arbeiten (= 12 Noppen).

Die Fäden jeder Noppenrunde nach innen ziehen und sorgfältig verknoten. Alle anderen Fäden vernähen.

Für den Boden des Nadelkissens mit Azalee einen Fadenring legen und wie folgt arbeiten:

1. Runde: 1 Steige-Luftm, 6 feste M, 1 Kettm in die 1. feste M (= 6 Maschen).
2. Runde: 1 Steige-Luftm, jede M verdoppeln, 1 Kettm in die 1. M (= 12 Maschen).
3. Runde: 1 Steige-Luftm, jede 2. M verdoppeln, 1 Kettm in die 1. M (= 18 Maschen).
4. Runde: 1 Steige-Luftm, jede 3. M verdoppeln, 1 Kettm in die 1. M (= 24 Maschen).
5. Runde: 1 Steige-Luftm, jede 4. M verdoppeln, 1 Kettm in die 1. M (= 30 Maschen).
6. Runde: 1 Steige-Luftm, jede 5. M verdoppeln, 1 Kettm in die 1. M (= 36 Maschen).

7. Runde: 1 Steige-Luftm, jede 6. M verdoppeln, 1 Kettm in die 1. M (= 42 Maschen).
8. Runde: 1 Steige-Luftm, jede 7. M verdoppeln, 1 Kettm in die 1. M (= 48 Maschen).

Den Arbeitsfaden nicht abschneiden.

Fertigstellung:

Den Anfangsfaden vernähen. Das obere Teil des Nadelkissens mit Füllwatte oder Wollresten stopfen. Nun den Boden durch Kettm mit dem oberen Teil des Nadelkissens verbinden. Dabei zunächst in eine M des oberen Teils einstechen und dann in die gegenüberliegende M des Bodens, den Faden holen und durch die M und die Arbeitsschlinge durchziehen. Mit einer Kettm in die 1. Kettm zur Runde schließen.

Für die **Bogenkante** 1 Steige-Luftm, * 1 feste M in die 1. M, 1 halbes Stäbchen, 2 Stäbchen, 1 halbes Stäbchen, 1 feste M; ab * stets wiederholen, 1 Kettm in die 1. feste M. Dann die Arbeit beenden.

Alle Fäden vernähen.

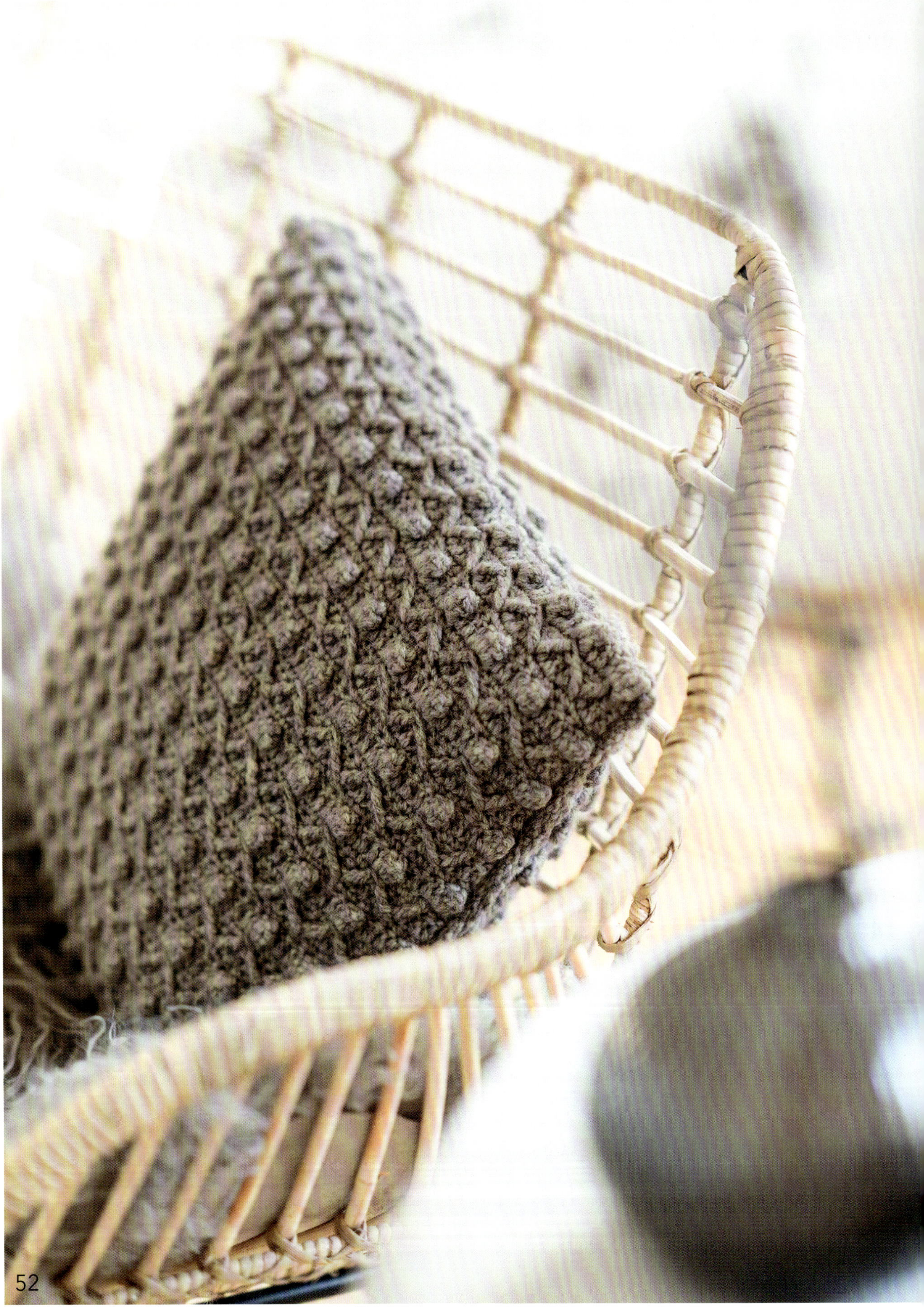

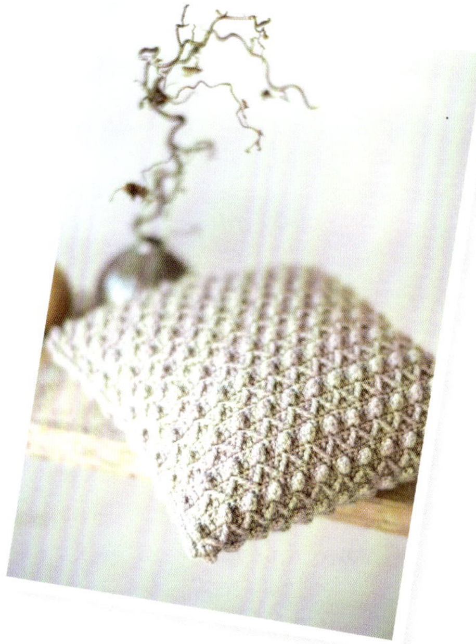

Kissenbezug

Schwierigkeitsgrad: anspruchsvoll

Das voluminöse Alpakagarn eignet sich hervorragend für diesen edlen Kissenbezug. Für das kuschelige Unikat nimmt man gerne die Herausforderung des Popcorn-Zickzack-Musters von Seite 16 an.

Größe:

38 cm x 38 cm

Material:

Lana Grossa Alta Moda Alpaca (90 % Alpaka, 5 % Schurwolle, 5 % Polyamid, LL = 140 m/50 g): 300 g Grau/Beige meliert (Fb 015); Häkelnadel in 5,0 und 5,5 mm; Wollnadel; Kissen-Inlett, 40 cm x 40 cm von Buttinette.

Muster und besondere Maschen:

Popcorn-Zickzack:
Maschenzahl teilbar durch 4 + 1 M + 1 Wende-Luftm. Die Anzahl an Wende-Luftm variiert in den Reihen je nach Maschengröße.
Nach Häkelschrift in Reihen arbeiten. Es sind Hin- und Rückreihen notiert.
In den Hinreihen mit den M vor dem rechten Pfeil beginnen, den Rapport zwischen den Pfeilen stets wiederholen und mit den M nach dem linken Pfeil enden.
In den Rückreihen die M entsprechend von links nach rechts lesen.

Noppe (= hintere 4er-Popcorn-M): 4 Stäbchen in 1 M arbeiten, die Nadel aus der Arbeitsschlinge nehmen und von hinten nach vorne in das 1. Stäbchen einstechen, die Arbeitsschlinge wieder aufnehmen und durchziehen.
Hinweis: Die Noppen werden in Rückreihen gearbeitet, erscheinen im Muster aber auf der Vorderseite.

2 zusammen abgemaschte vordere Relief-Doppelstäbchen: Das 1. Relief-Doppelstäbchen um dieselbe feste M der vorletzten Reihe wie das letzte Relief-Doppelstäbchen arbeiten, dann 3 feste M der vorletzten Reihe überspringen und das 2. Relief-Doppelstäbchen um die nächste (= 4.) feste M der vorletzten Reihe arbeiten.

Maschenprobe:

Popcorn-Zickzack-Muster (Nadel 5,5 mm):
16 Maschen und 11,5 Reihen = 10 cm x 10 cm.

So wird's gemacht:

Die Kissenhülle wird in einem Stück gearbeitet und dann so vernäht, dass ein Hotelverschluss auf der Rückseite entsteht.

Für den Untertritt mit Häkelnadel 5,0 mm zunächst 61 Luftm anschlagen.

1. Reihe (Hinreihe): 1 Wende-Luftm, je 1 feste M in alle M.
2. Reihe (Rückreihe): 3 Wende-Luftm, je 1 Stäbchen in alle folgenden M.

Die 1. – 2. Reihe insgesamt 7x arbeiten. Wechseln zu Häkelnadel 5,5 mm und zum Popcorn-Zickzack-Muster.

15. Reihe (Hinreihe): 1 Wende-Luftm, je 1 feste M in alle M.
16. Reihe: 3 Wende-Luftm, je 1 Stäbchen in alle folgenden M.
17. Reihe: 1 Wende-Luftm, 2 feste M, 1 vorderes Relief-Doppelstäbchen um die 5. feste M der vorletzten Reihe, 3 feste M, * 2 zusammen abgemaschte vordere Relief-Doppelstäbchen, (das erste um die gleiche feste M der vorletzten Reihe arbeiten, 3 feste M der vorletzten Reihe überspringen, das zweite um die nächste feste M der vorletzten Reihe), 3 feste M; ab * noch 12x wiederholen, 1 vorderes Relief-Doppelstäbchen um die gleiche feste M der vorletzten Reihe wie das letzte vordere Relief-Doppelstäbchen, 2 feste M.
18. Reihe: 3 Wende-Luftm, 1 Stäbchen, * 1 hintere 4er-Popcorn-M, 3 Stäbchen; ab * noch 13x wiederholen, 1 hintere 4er-Popcorn-M, 2 Stäbchen.

Die 15. – 18. Reihe noch 21x wiederholen, abschließend 1 Reihe Kettm häkeln.

Fertigstellung:

Das Kissenpanel waschen, auf die angegebenen Maße spannen und vollständig trocknen lassen. Anschließend wie in der Schnittzeichnung angegeben an den gestrichelten Linien umschlagen (die Noppen liegen außen) und die seitlichen Nähte mit Kettm schließen. Dann das Kissen-Inlett einlegen.

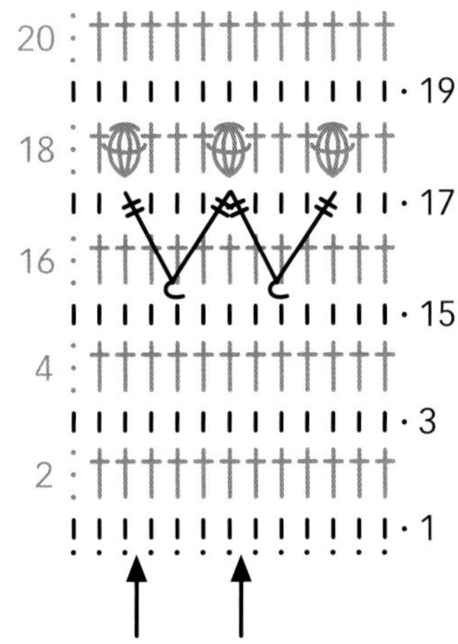

Zeichenerklärung:

- · = 1 Luftmasche
- ı = 1 feste Masche
- † = 1 Stäbchen
-  = 1 hintere 4er Popcorn-Masche (= 4 Stäbchen in 1 Masche arbeiten, die Nadel aus der Arbeitsschlinge nehmen und von hinten nach vorne in das 1. Stäbchen einstechen, die Arbeitsschlinge wieder aufnehmen und durchziehen.)
- 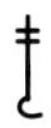 = 1 vorderes Relief-Doppelstäbchen
- 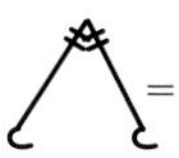 = 2 zusammen abgemaschte vordere Relief-Doppelstäbchen (Das 1. Relief-Doppelstäbchen um dieselbe feste Masche der vorletzten Reihe wie das letzte Relief-Doppel stäbchen arbeiten, dann 3 feste Maschen der vorletzten Reihe überspringen und das 2. Relief-Doppelstäbchen um die nächste (= 4.) feste Masche der vorletzten Reihe arbeiten.)

Laufen die Zeichen oben zusammen, werden die Maschen zusammen abgemascht.

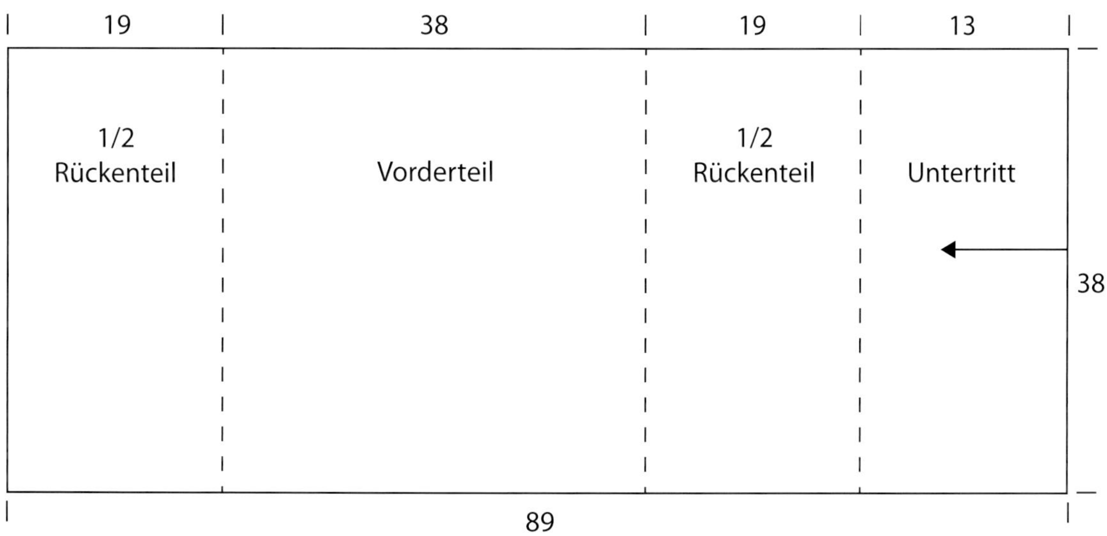

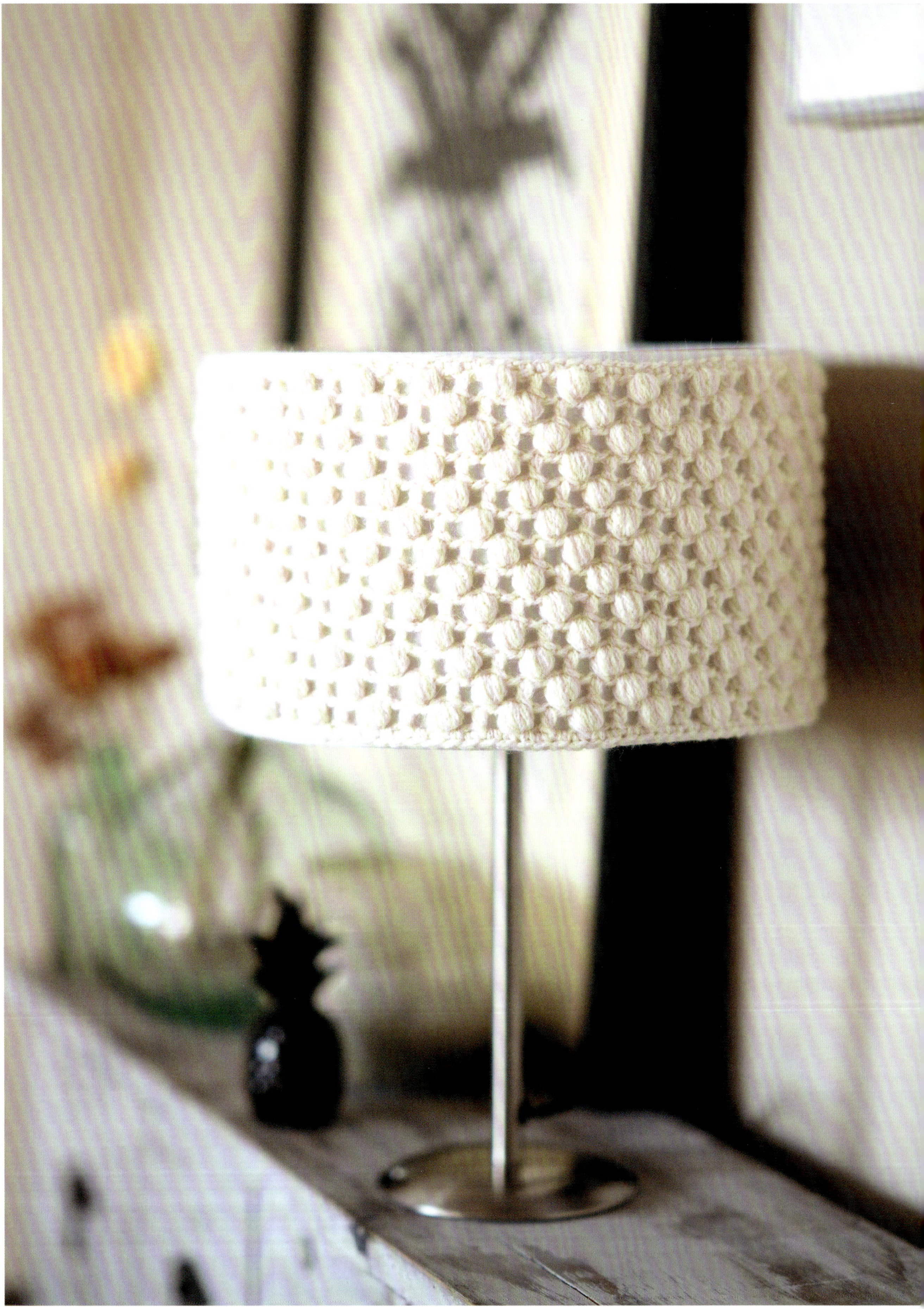

Bezug Lampenschirm

Schwierigkeitsgrad: einfach

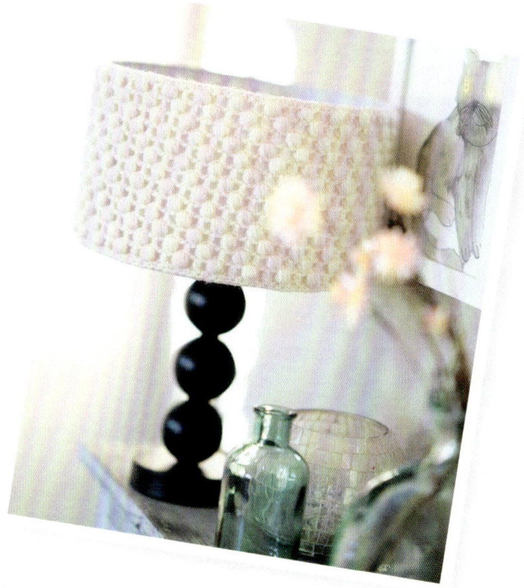

Der Häkelbezug aus dem Noppennetz-Muster von Seite 18 zaubert stimmungsvolles Licht und hübscht jeden schlichten Lampenschirm auf. Und er eignet sich auch für Übertöpfe oder gerade Vasen.

Größe:

Höhe 15 cm, Umfang 70 cm, ungedehnt

Material:

Lana Grossa Alta Moda Alpaca (90 % Alpaka, 5 % Schurwolle, 5 % Polyamid, LL = 140 m/50 g): 100 g Rohweiß (Fb 014); Häkelnadel in 5,0 mm; Wollnadel; Lampenschirm, Durchmesser 25 cm, von Buttinette; passender Lampenfuß nach Belieben.

Muster und besondere Maschen:

Noppennetz in Runden:
Maschenzahl teilbar durch 4. Nach Häkelschrift in Runden arbeiten. Jede Runde beginnt mit der notierten Anzahl an Steige-Luftm und endet mit 1 Kettm in die erste M. Beginnt die Runde mit einer Noppe, so ersetzen 3 Steige-Luftm das erste Stäbchen der Noppe.

Noppe: 5 zusammen abgemaschte Stäbchen in dieselbe Einstichstelle.

Maschenprobe:

16,5 Maschen und 8,5 Runden = 10 cm x 10 cm, ungedehnt.

So wird's gemacht:

112 Luftm anschlagen und mit 1 Kettm zur Runde schließen. Dann wie folgt 14 Runden im Noppennetz-Muster nach Häkelschrift arbeiten: 1x die 1. – 3. Runde, dann noch 5x die 2. – 3. Runde und anschließend noch 1x die 2. Runde häkeln.
Abschließend 1 Runde feste M arbeiten.

Fertigstellung:

Alle Fäden vernähen. Den Lampenbezug waschen und flach liegend trocknen lassen. Anschließend den Bezug über den Lampenschirm ziehen.

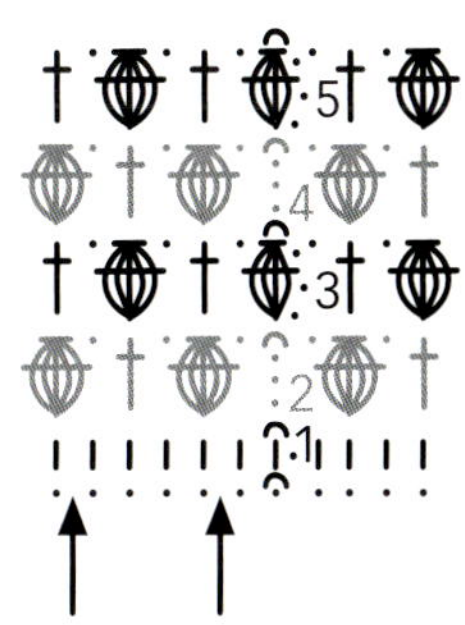

Zeichenerklärung:

- · = 1 Luftmasche
- ⌒ = 1 Kettmasche
- ı = 1 feste Masche
- † = 1 Stäbchen
- = 1 Noppe (= 5 zusammen abgemaschte Stäbchen in dieselbe Einstichstelle)

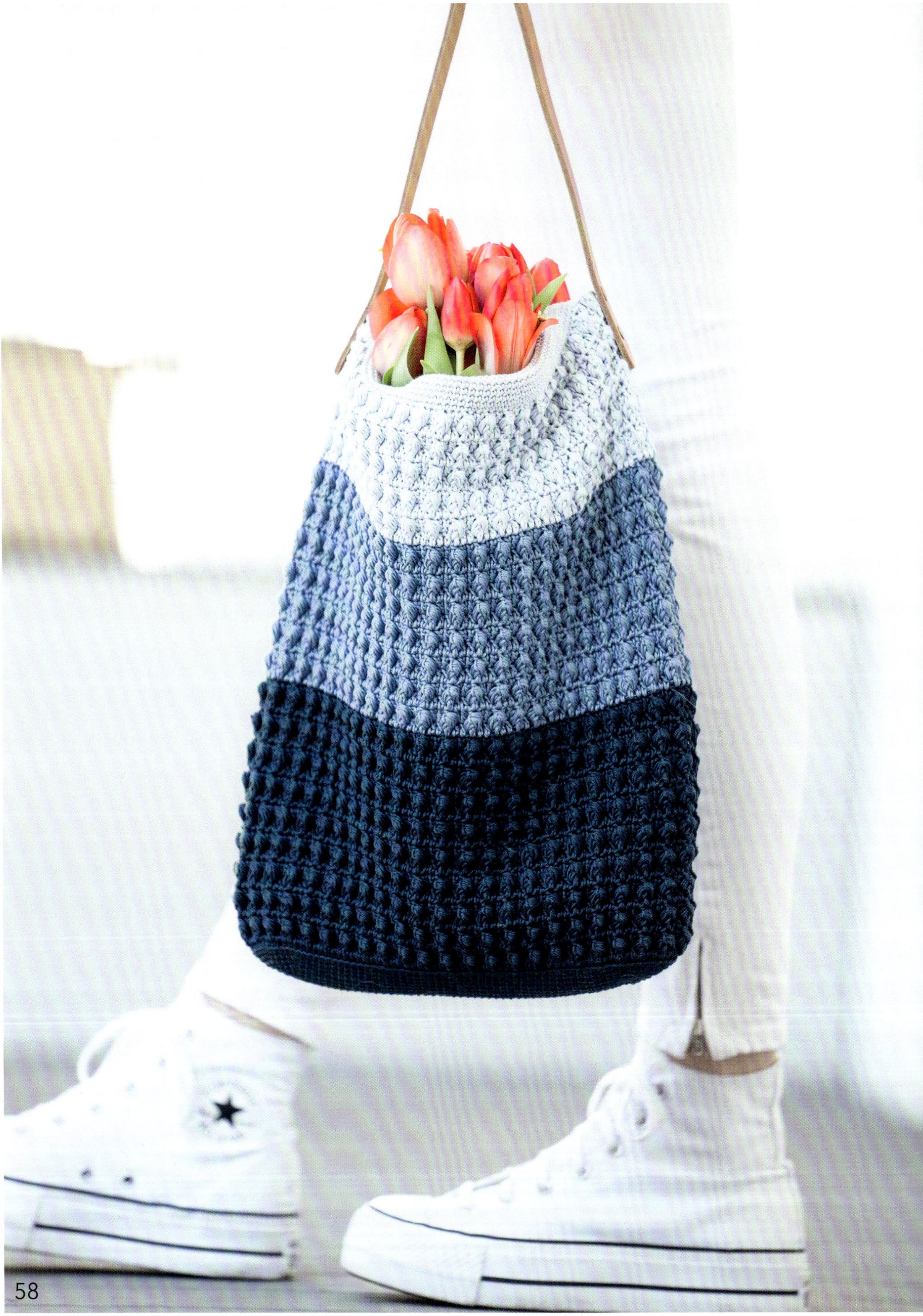

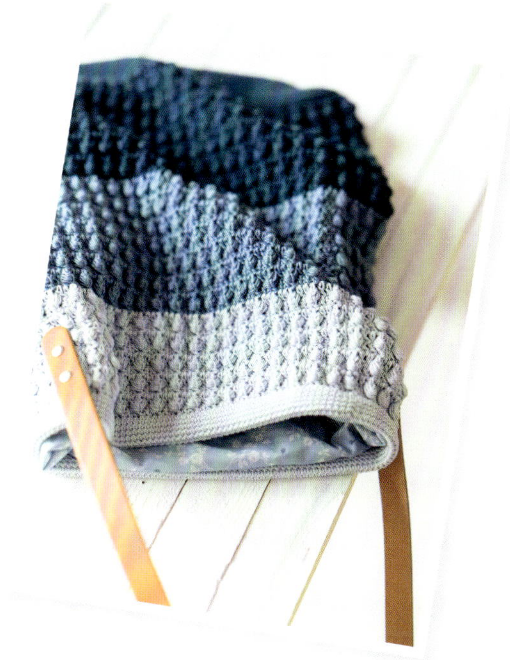

Tasche

Schwierigkeitsgrad: mittel

Taschen kann man ja bekanntlich nie genug haben! Dieses Modell im Zapfenbänder-Muster von Seite 20 macht so viel Freude beim Häkeln, da könnte man glatt in Serie gehen! Wer möchte, füttert das gute Stück mit einem passenden Baumwollstoff und verpasst ihm einen robusten Lederhenkel.

Größe:

Höhe 37 cm, Umfang 70 cm

Material:

Lang Yarns Golf (100 % Baumwolle, LL = 125 m/50 g): je 150 g Blau (Fb 33), Dunkelblau (Fb 34) und Azur (Fb 120); Häkelnadel in 3,0 mm; 4 Maschenmarkierer; 1 Taschenhenkel Miyako, 80 cm von Prym; 4 Buchschrauben; 45 cm Baumwollstoff zum Füttern, 110 cm breit; 1 Rest dünnes Leder oder Kunstleder, 6 cm x 5 cm; farblich passendes Nähgarn; Wollnadel und Nähnadel; Stecknadeln; Lochzange

Muster und besondere Maschen:

Zapfenbänder-Muster in Runden:
Maschenzahl teilbar durch 3.
Nach Häkelschrift in Runden arbeiten. Jede Runde beginnt mit der notierten Anzahl an Steige-Luftm und endet mit 1 Kettm in die erste M. Die 1. und 2. Runde werden in der Anleitung beschrieben, dann die 3. – 4. Runde der Häkelschrift stets wiederholen.

Noppe (= 4 zusammen abgemaschte vordere Relief-Stäbchen in dieselbe Einstichstelle):
[1 Umschlag, Nadel von vorne um das Stäbchen der Vorreihe führen, den Faden durchholen, den Faden holen und 2 Schlingen abmaschen] 4x, den Faden holen und durch 4 Schlingen ziehen, den Faden holen und durch die letzten beiden Schlingen ziehen.

Maschenprobe:

20 Maschen und 12 Runden = 10 cm x 10 cm.

So wird's gemacht:

Für den **Taschenboden** mit **Dunkelblau** 48 Luftm und zusätzlich 1 Steige-Luftm anschlagen.

1. Runde: 3 feste M in die 2. M ab Nadel, 46 feste M, 3 feste M in die letzte M, 46 feste M entlang der Unterseite der Luftm-Kette, mit 1 Kettm in die erste feste M zur Runde schließen. TIPP: Es ist hilfreich, jeweils die erste und letzte M der 46 festen M mit einem Maschenmarkierer zu kennzeichnen, dazwischen werden die Zunahmen gearbeitet.
2. Runde: 1 Steige-Luftm, je 2 feste M in die ersten 3 M, 46 feste M, je 2 feste M in die nächsten 3 M, 46 feste M, mit 1 Kettm in die erste feste M zur Runde schließen.
3. Runde: 1 Steige-Luftm, 2 feste M in die erste M, 1 feste M, [2 feste M in die nächste M, 1 feste M] 2x, 46 feste M, [2 feste M in die erste M, 1 feste M] 3x, 46 feste M, mit 1 Kettm in die erste feste M zur Runde schließen.
4. Runde: 1 Steige-Luftm, * [2 feste M, 2 feste M in die nächste M] 3x, 46 feste M; ab * noch 1x wiederholen, mit 1 Kettm in die erste feste M zur Runde schließen.
5. Runde: 1 Steige-Luftm, 2 feste M in die erste M, 3 feste M, [2 feste M in die nächste M, 3 feste M] 2x, 46 feste M, [2 feste M in die nächste M, 3 feste M] 3x, 46 feste M, mit 1 Kettm in die erste feste M zur Runde schließen.
6. Runde: 1 Steige-Luftm, * [4 feste M, 2 feste M in die nächste M] 3x, 46 feste M; ab * noch 1x wiederholen, mit 1 Kettm in die erste feste M zur Runde schließen.
7. Runde: 1 Steige-Luftm, 2 feste M in die erste M, 5 feste M, [2 feste M in die nächste M, 5 feste M] 2x, 46 feste M, [2 feste M in die nächste M, 5 feste M] 3x, 46 feste M, mit 1 Kettm in die erste feste M zur Runde schließen.
8. Runde: 1 Steige-Luftm, * [6 feste M, 2 feste M in die nächste M] 3x, 46 feste M; ab * noch 1x wiederholen, mit 1 Kettm in die erste feste M zur Runde schließen (= 140 Maschen).

Den Faden nicht abschneiden. Die letzte Schlinge langziehen und den Taschenboden bereits einmal dämpfen.

Die Schlinge wieder auf die Nadel nehmen und den **Taschenkörper** nach Häkelschrift in Runden an den Taschenboden häkeln:
In Dunkelblau 1x die 1. – 4. Runde, dabei in der 2. Runde 1 M zunehmen (= 1x 2 Stäbchen in 1 Einstichstelle) = 141 Maschen, dann die 3. – 4. Runde noch 8x wiederholen, zu **Blau** wechseln und 7x die 3. – 4. Runde, zu **Azur** wechseln und 5x die 3. – 4. Runde arbeiten.

Abschließend mit **Azur** eine Blende aus 10 Runden feste M arbeiten. Einen langen Faden zum Nähen lassen und Arbeit beenden.

Fertigstellung:

Die Blende mittig nach innen einschlagen und mit dem langen Faden an der ersten Runde aus festen M festnähen. Dann alle Fäden vernähen.

Für das Futter den Stoff 2x gemäß Schnittmuster im Bruch zuschneiden. Die Nahtzugabe ist im Schnitt bereits enthalten. Der Boden wird 1x zugeschnitten.
Das Futter rechts auf rechts legen und die Seitennähte schließen. Den Boden zunächst mit Stecknadeln festheften und anschließend an der unteren Kante der Innentasche annähen. Für den Henkel aus einem Rest Leder oder Kunstleder zwei Rechtecke à 3 cm x 5 cm zuschneiden. Mit der Lochzange zwei Löcher wie bei dem Henkel stanzen. Jeweils 2 Buchschrauben durch die Löcher des Henkels, dann durch die Seite der Außentasche führen und als Gegenstück durch die vorgestanzten Löcher des Kunst-Lederstücks stecken und festschrauben. Die Innentasche an der oberen Kante 1 cm nach außen umschlagen, ggf. bügeln und per Hand gegen die Umschlagkante der Außentasche nähen.

Taschenkörper

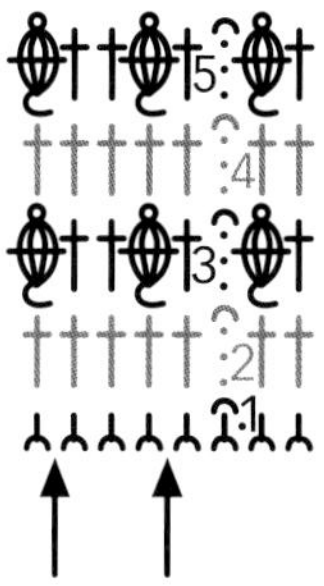

Zeichenerklärung:

- = 1 Luftmasche
- = 1 Kettmasche
- = 1 feste Masche
- = 1 Stäbchen
- = 1 Noppe (= 4 zusammen abgemaschte vordere Relief-Stäbchen in dieselbe Einstichstelle)

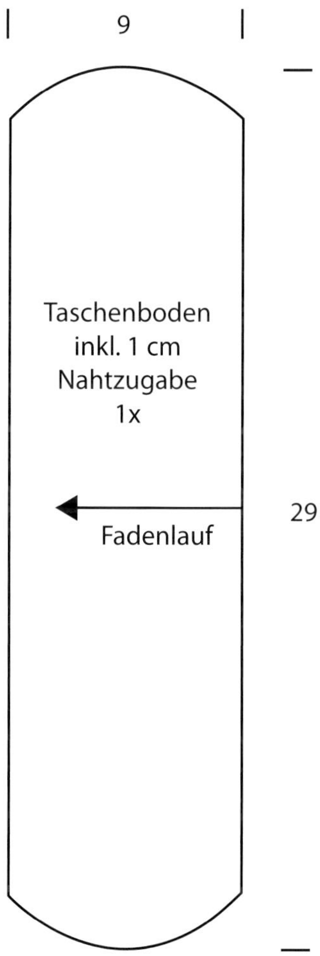

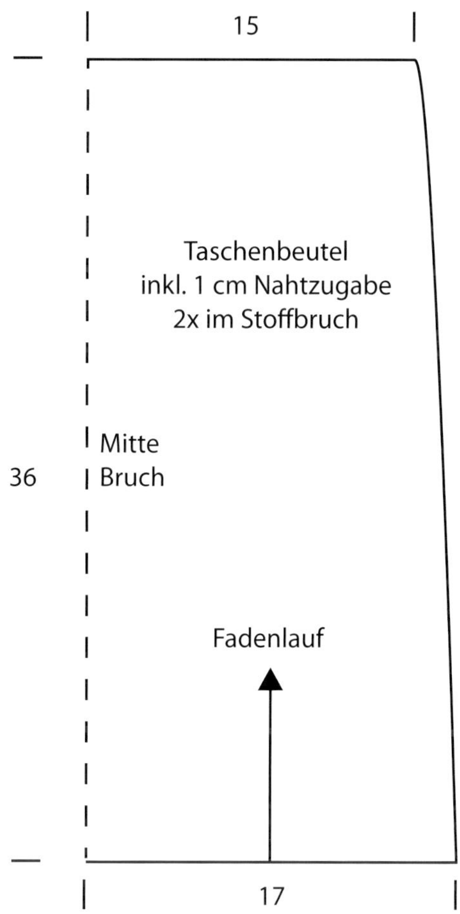

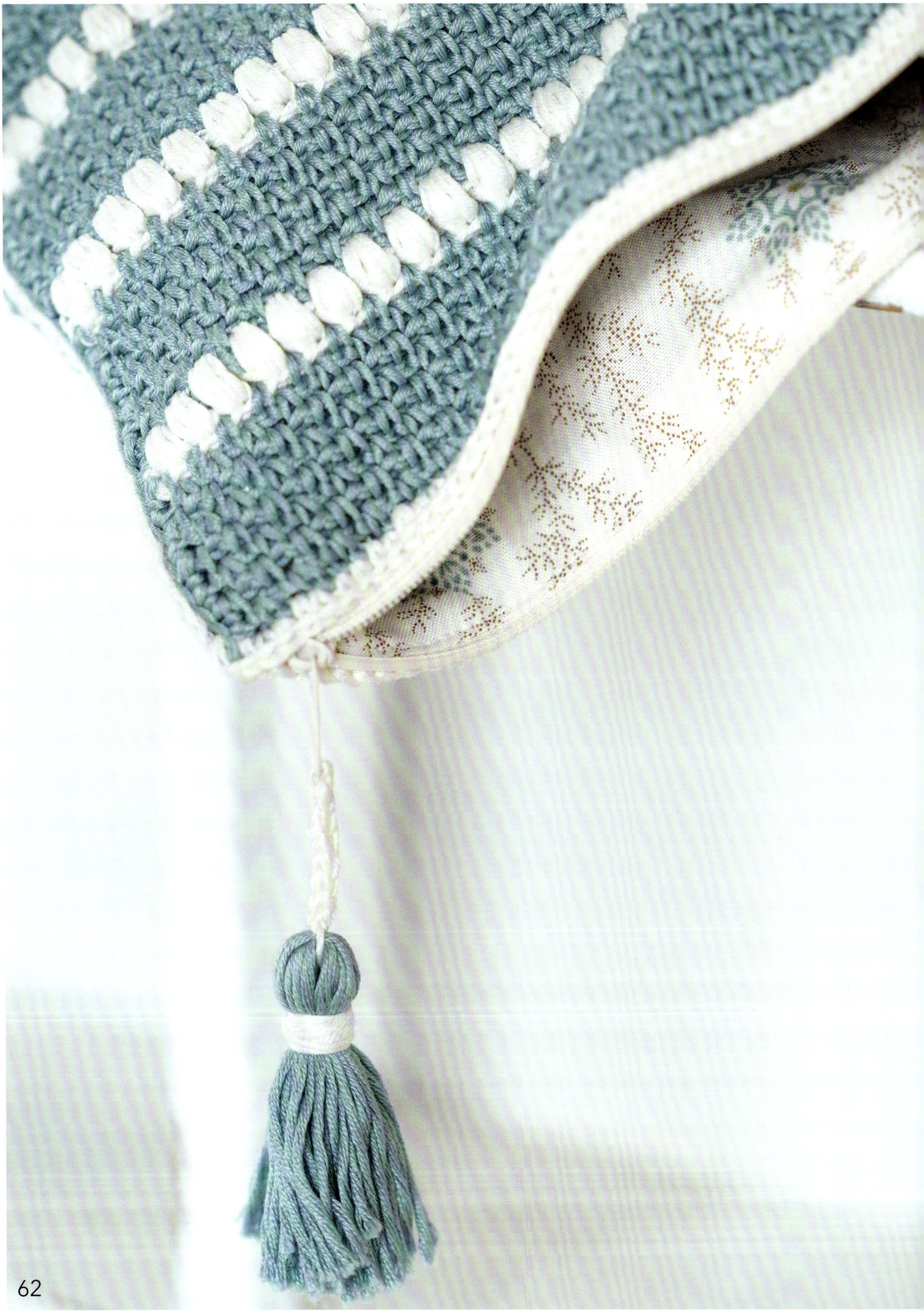

Kosmetiktasche

Schwierigkeitsgrad: mittel

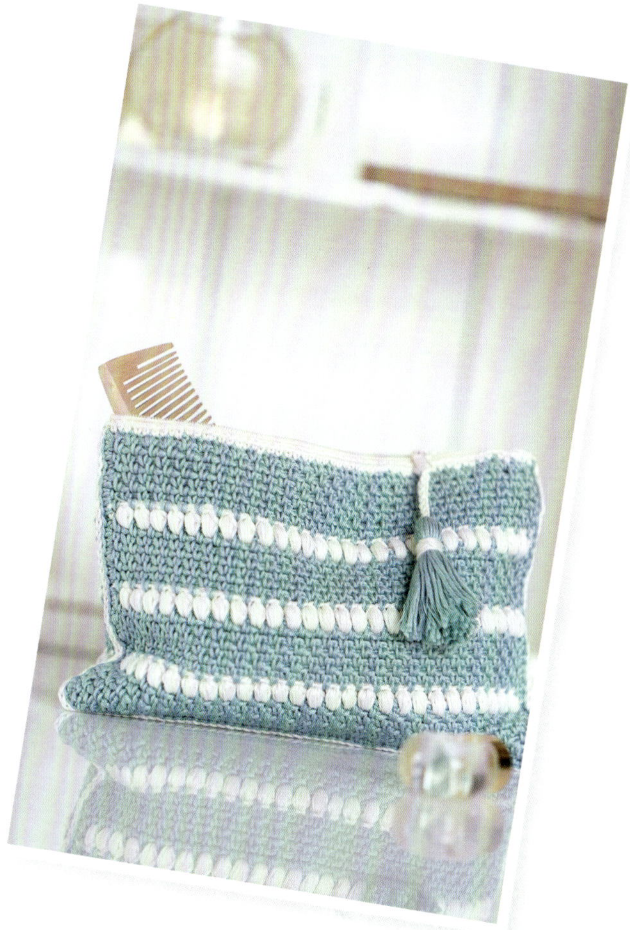

Die süße Kosmetiktasche passt nicht nur ins Bad, sie macht auch auf dem Schreibtisch oder im Auto eine gute Figur. Hier kommt das Büschelmaschenstreifen-Muster von Seite 19 leicht abgewandelt zum Einsatz.

Größe:

20 cm x 14 cm

Material:

Lang Yarns Golf (100 % Baumwolle, LL = 125 m/50 g): je 50 g Offwhite (Fb 94) und Aqua (Fb 272); Häkelnadel in 3,0 mm; Wollnadel; Endlos-Reißverschluss, 30 cm; farblich passendes Nähgarn; Stecknadeln; Futterstoff (optional), 20 cm

Muster und besondere Maschen:

Büschelmaschenstreifen:
Maschenzahl teilbar durch 2 + 1 Wende-Luftm. Nach Häkelschrift in Reihen arbeiten. Es sind Hin- und Rückreihen notiert.
In den Hinreihen mit den M vor dem rechten Pfeil beginnen, den Rapport zwischen den Pfeilen stets wiederholen und mit den M nach dem linkten Pfeil enden.
In den Rückreihen die M entsprechend von links nach rechts lesen.
1x die 1. – 10. Reihe arbeiten, dann die 3. – 10. Reihe stets wiederholen, dabei die Farbfolge beachten.

Farbfolge: Die Noppenreihe (= 8. Reihe) stets mit **Offwhite**, alle übrigen Reihen mit **Aqua** arbeiten.

Noppe (= 3er-Büschelm): [1 Umschlag, Nadel in die M einstechen, den Faden holen und die Schlinge hochziehen] 3x, den Faden holen und durch alle Schlingen ziehen.
Hinweis: Ab der 2. Reihe werden alle festen M bzw. Büschelm um die Luftm der Vorreihe gearbeitet.

Maschenprobe:

27 Maschen und 24 Reihen = 10 cm x 10 cm.

So wird's gemacht:

Für das **Taschenpanel** mit **Aqua** 54 Luftm und zusätzlich 1 Wende-Luftm anschlagen und nach Häkelschrift arbeiten: Die 1. – 10. Reihe 1x arbeiten, dann die 3. – 10. Reihe noch 2x wiederholen und noch 1x die 3. – 7. Reihe arbeiten (= 31 Reihen). Dabei die Noppenreihen (= 8. Reihe der Häkelschrift) jeweils mit **Offwhite**, alle übrigen Reihen mit **Aqua** häkeln. Dann die Arbeit beenden.

Ein zweites Taschenpanel ebenso anfertigen.

Fertigstellung:

Die Fäden vernähen und die beiden Panels dämpfen. Die Seiten und die unteren Kanten beider Taschenpanels in Aqua mit festen M umhäkeln, dazu jeweils an einer kurzen Seite beginnen. Beide Panels links auf links zusammenlegen und mit Offwhite ebenfalls die Seiten und die untere Kante mit Kettm zusammenhäkeln, dann die obere Kante mit festen M umhäkeln. Aus den Wollresten eine kleine Quaste anfertigen. Alle restlichen Fäden vernähen.

Für das Taschenfutter ein Rechteck von 44 cm x 17 cm zuschneiden. Den Reißverschluss teilen und je eine Hälfte rechts auf rechts (mit den Zähnchen auf die rechte Seite des Stoffs) und Kante an Kante an die beiden kurzen Seiten des Futterstoffs nähen, dabei an beiden Seiten die Enden des Reißverschlusses überstehen lassen und seitlich je 1 cm des Stoffes für die Nahtzugabe der Seiten offenlassen. Dann den Stoff vom Reißverschluss wegbügeln.

Den Zipper auf die beiden Reißverschlusshälften aufziehen, die überstehenden Enden einkürzen und den Zipper mit einer Quernaht über den Reißverschlussenden sichern. Dann die beiden Seitennähte rechts auf rechts mit 1 cm Nahtzugabe schließen.

Die Innentasche links auf links in die Außentasche stecken, dabei liegt der Reißverschluss knapp über der Kante der Außentasche. Nun die Innentasche rundherum durch alle drei Lagen an die Außentasche annähen.

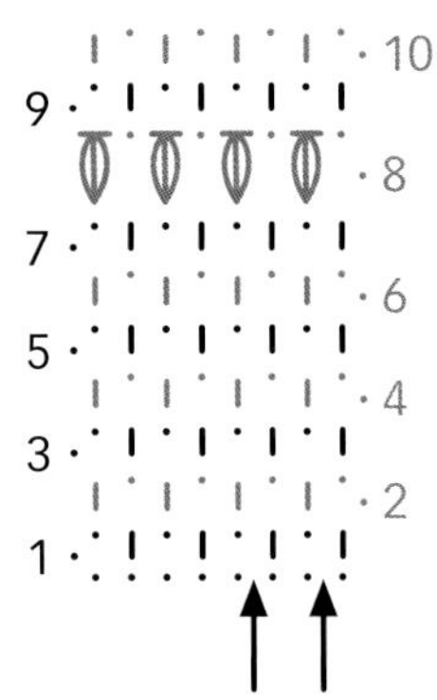

Zeichenerklärung:

· = 1 Luftmasche

ı = 1 feste Masche

= 1 3er-Büschelmasche (= [1 Umschlag, die Nadel in die Masche einstechen, den Faden holen und die Schlinge hochziehen] 3x, den Faden holen und durch alle Schlingen ziehen.)

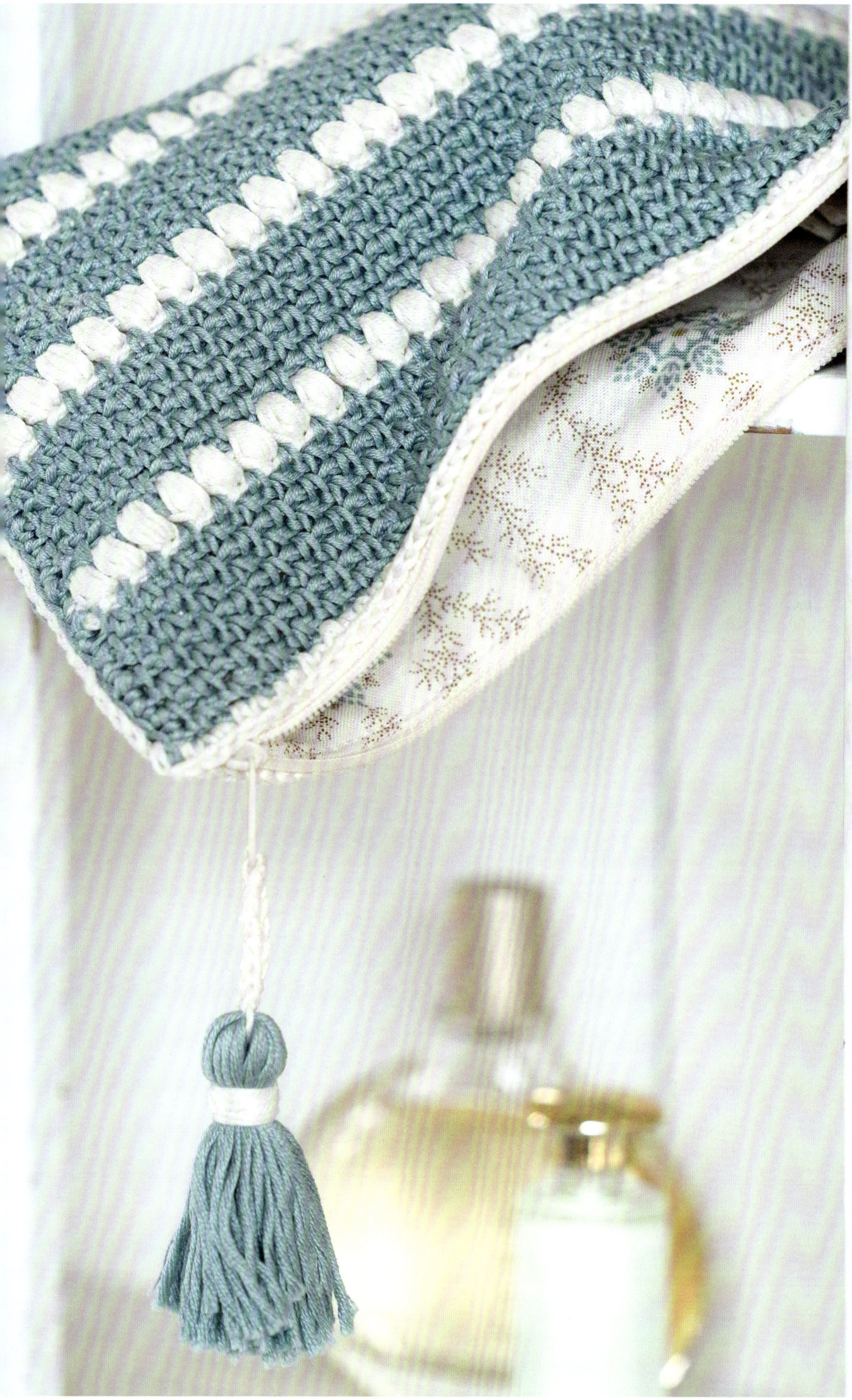

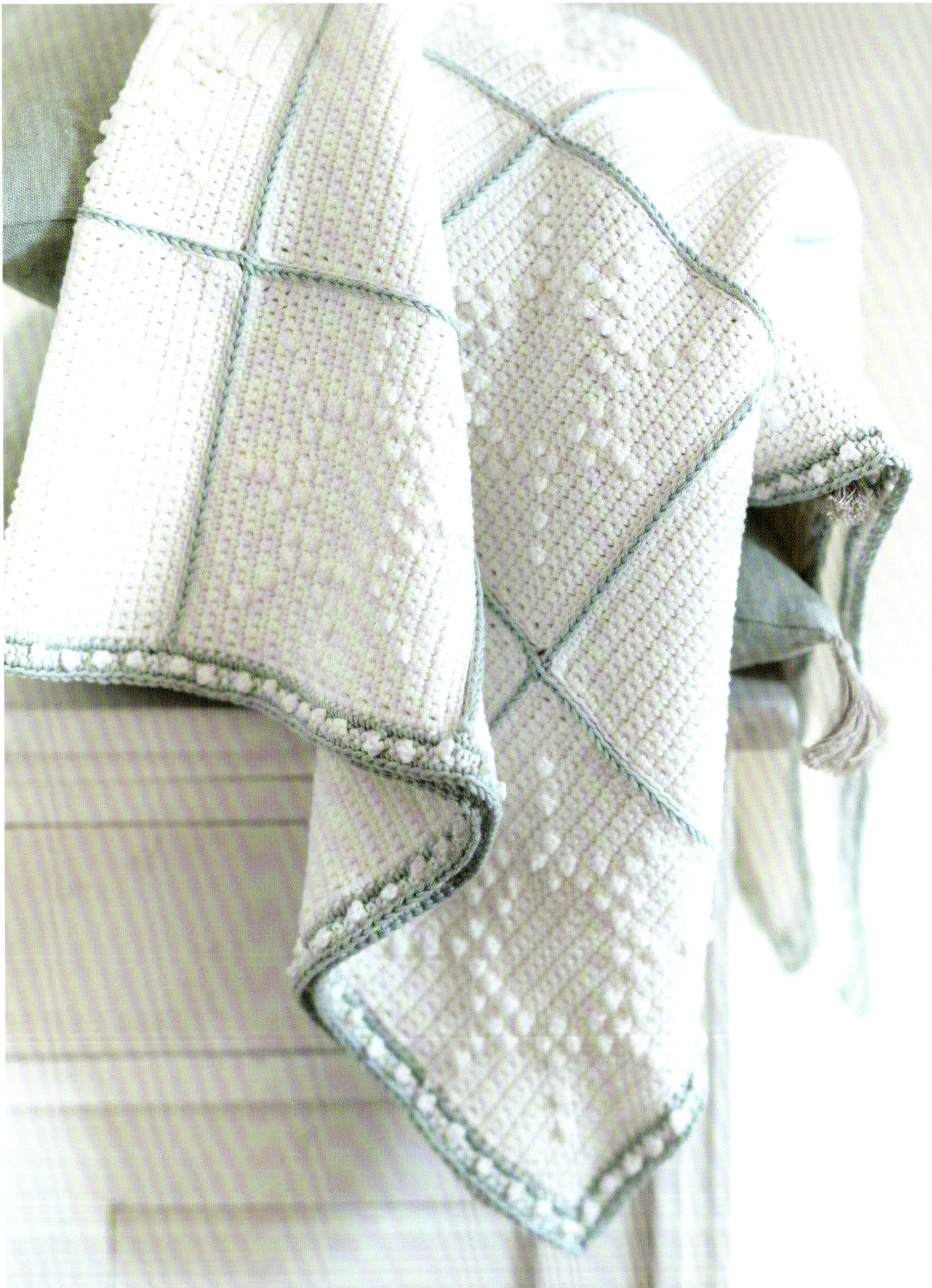

Decke

Schwierigkeitsgrad: leicht

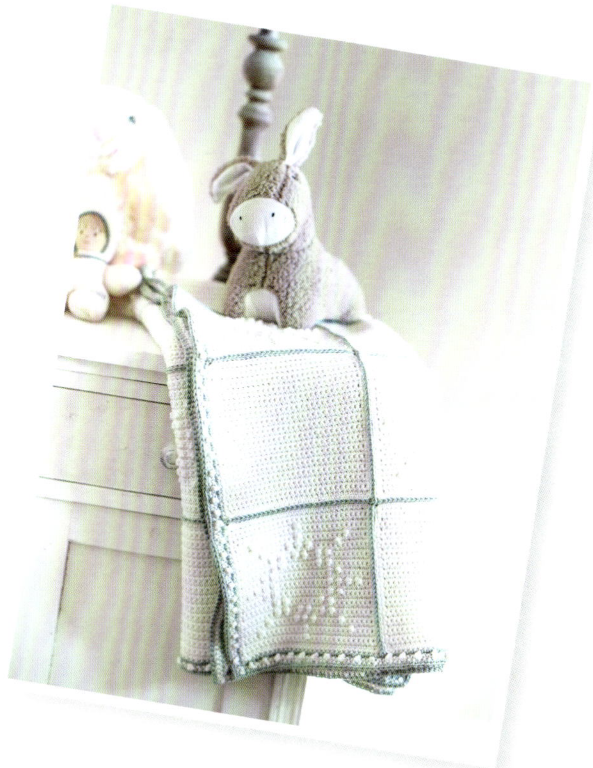

Noppen aus Luftmaschen wirken ganz zart und tragen nicht auf. Hier werden sie in Anlehnung an das Muster von Seite 21 für ein Sternmotiv verwendet, das wunderbar in ein Kinderzimmer passt. Mit Kästchenpapier und Stift lassen sich leicht eigene Motive entwerfen.

Größe:

116 cm x 86,5 cm inklusive Umrandung

Material:

Schachenmayr Baby Smiles Easy Cotton (50 % Baumwolle, 50 % Polyacryl, LL = 120 m/50 g): 900 g Natur (Fb 1002), 100 g Pistazie (Fb 1077); Häkelnadel in 3,5 und 4,0 mm; Wollnadel

Muster und besondere Maschen:

Feste Maschen in Hin- und Rückreihen:
Jede Reihe beginnt mit 1 Wende-Luftm, die nur dazu dient, in die nächste Reihe aufzusteigen und selbst nichts zur M-Zahl beiträgt.

Sternenmotiv: Nach Zählmuster arbeiten, jedes schwarze Kästchen steht für eine 3er-Luftm-Noppe, jedes weiße Kästchen für eine feste M. Alle Noppen werden in den Hinreihen gearbeitet und erscheinen auf der Vorderseite.
1x die 1. – 29. Reihe über alle 29 Maschen arbeiten.

3er-Luftm-Noppe: Die Nadel in die M einstechen, den Faden holen und durchziehen, 3 Luftm arbeiten (die Arbeitsschlinge bleibt dabei auf der Nadel), den Faden holen und durch beide Schlingen ziehen.
Hinweis: Die entstandene kleine Schlinge wölbt sich nach vorne, sobald die nächste feste M gehäkelt wird.

Maschenprobe:

1 Quadrat = 16,5 breit x 16 cm hoch, nach dem Spannen gemessen.

So wird's gemacht:

Für ein **Quadrat ohne Motiv** mit der Nadel 3,5 mm 29 Luftm und zusätzlich 1 Wende-Luftm in Natur anschlagen und 29 Reihen feste M häkeln. Anschließend das Quadrat mit 1 Runde feste M umhäkeln, dabei in die Ecken jeweils [1 feste M, 1 halbes Stäbchen, 1 feste M] arbeiten.

Auf diese Weise insgesamt 17 Quadrate ohne Motiv häkeln.

Das **Quadrat mit Sternmotiv** mit der Nadel 3,5 mm 29 Luftm und zusätzlich 1 Wende-Luftm in Natur anschlagen und 29 Reihen nach Zählmuster arbeiten. Anschließend das Quadrat mit 1 Runde feste M umhäkeln, dabei in die Ecken jeweils [1 feste M, 1 halbes Stäbchen, 1 feste M] arbeiten.

Auf diese Weise insgesamt 18 Quadrate mit Sternmotiv häkeln.

Fertigstellung:

Alle Fäden der Quadrate vernähen. Die Quadrate gut anfeuchten und alle auf das gleiche Maß spannen, das erleichtert das anschließende Zusammennähen.

Die Quadrate werden abwechselnd mit und ohne Motiv mit Häkelnadel 4,0 mm in Pistazie zusammengehäkelt, 5 Quadrate in der Breite und 7 in der Höhe. Eine besonders dekorative Naht erhält man mit Kettm:
Die zu verbindenden Quadrate mit der Vorderseite nach oben aneinanderlegen. Den Faden an einer Eckm des ersten Quadrates anschlingen und von oben zunächst in das vordere Maschenglied der nächsten M des ersten Quadrates und dann in das vordere Maschenglied der nächsten M des zweiten Quadrates einstechen (der Arbeitsfaden liegt dabei unter der Arbeit), den Faden holen und durch beide Schlingen ziehen.

In den Quer-Reihen zwischen den Quadraten eine Luftmasche arbeiten, in den Längs-Reihen 1 Kettm um die Luftm der Quer-Reihe häkeln. Sind alle Quadrate verbunden, die Decke mit Häkelnadel 3,5 mm wie folgt umranden:
1. Runde: Mit Pistazie an einer Ecke anschlingen und mit festen M umhäkeln, dabei in die Ecken jeweils eine zusätzliche Luftm arbeiten und mit 1 Kettm in die erste M zur Runde schließen.
2. Runde: Mit Natur an einer Ecke anschlingen und mit [2 festen M, 1 Luftm-Noppe] umhäkeln, dabei in die Ecken jeweils eine zusätzliche Luftm arbeiten und mit 1 Kettm in die erste M zur Runde schließen.
3. Runde: Wieder mit Pistazie wie die 1. Runde häkeln.

Die restlichen Fäden vernähen. Die Decke waschen, spannen und vollständig trocknen lassen.

Wer mag, bringt noch kleine Quasten oder Bommel in Pistazie an den Ecken an.

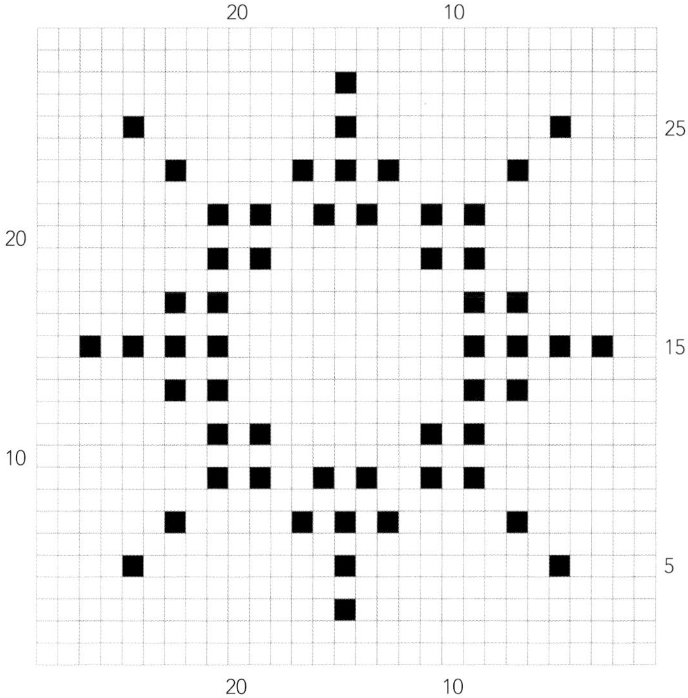

Zeichenerklärung:

□ = 1 feste Masche

■ = 1 3er-Luftmaschennoppe (= Die Nadel in die Masche einstechen, den Faden holen und durchziehen, 3 Luftmaschen arbeiten (die Arbeitsschlinge bleibt dabei auf der Nadel), den Faden holen und durch beide Schlingen ziehen.)

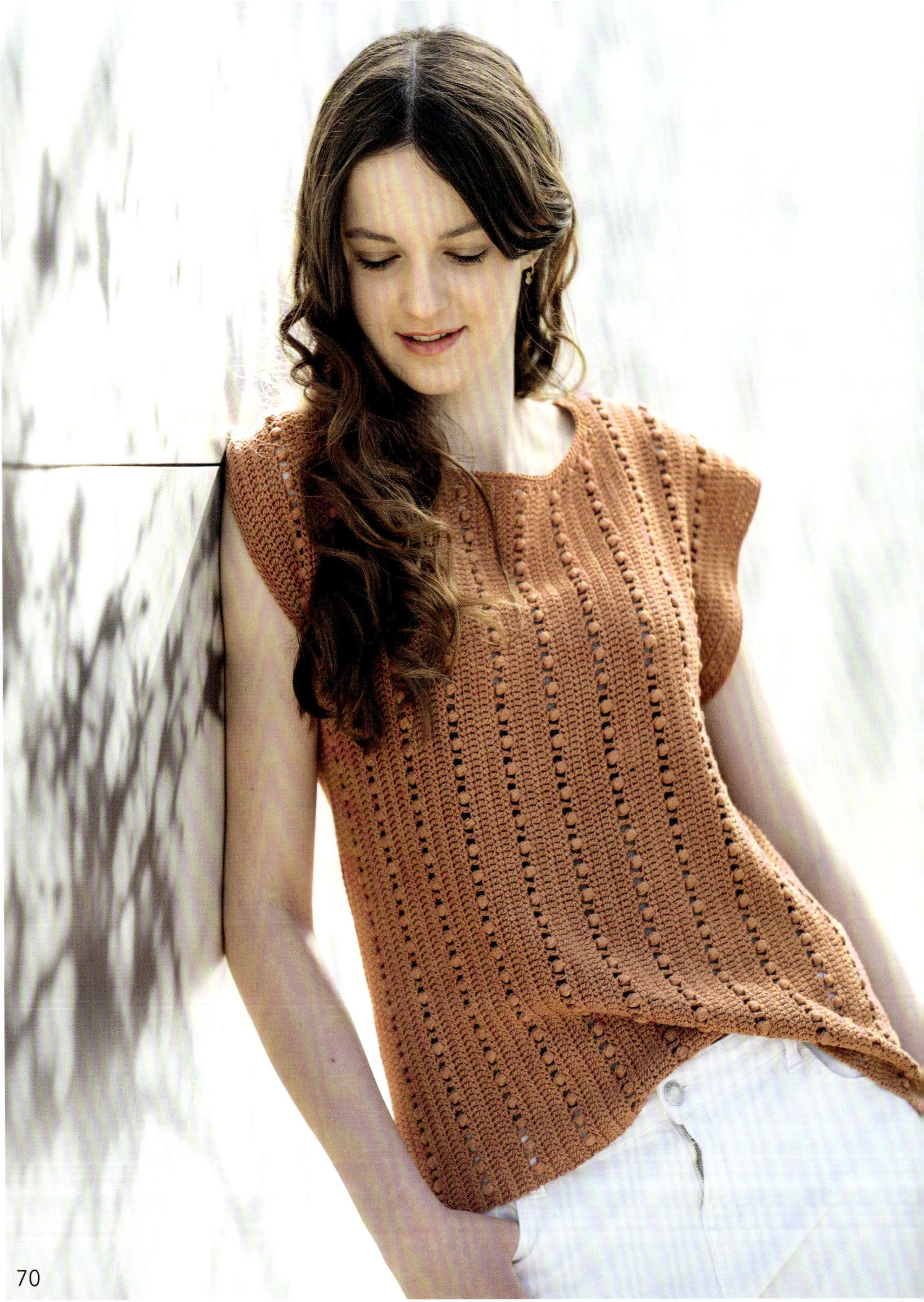

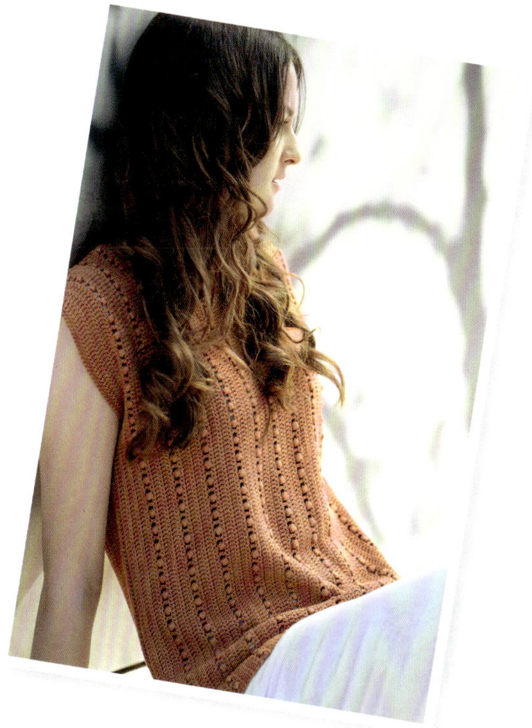

Sommershirt

Schwierigkeitsgrad: mittel

Das kühle Leinengarn verleiht dem Top im Büschelmaschenstreifen-Muster von Seite 19 eine schöne Griffigkeit und einen leichten Glanz. Überschnittene Schultern und eine lockere Passform schmeicheln der Figur und der warme Zimtton kombiniert sich wunderbar zu Cremetönen, aber auch zur Jeans oder Schwarz.

Größe:

36/38 (40/42) 44/46

Die Angaben für die kleinste Größe stehen vor der Klammer, die Angaben für die größeren Größen stehen hintereinander in Klammern. Steht nur eine Angabe, so gilt diese für alle Größen.

Material:

Lana Grossa Solo Lino (80 % Recyceltes Leinen, 20 % Leinen, LL = 120 m/50 g): 550 (600) 700 g Zimt (Fb 26); Häkelnadel in 3,5 mm; Wollnadel

Muster und besondere Maschen:

Lochmusterstreifen:

Maschenzahl teilbar durch 4 + 1 M + 3 Wende-Luftm. Die Anzahl an Wende-Luftm variiert in den Reihen je nach Maschengröße.

Nach Häkelschrift in Reihen arbeiten. Es sind Hin- und Rückreihen notiert.

In den Hinreihen die Häkelschrift von rechts nach links lesen, mit den M vor der Rapportlücke beginnen, bis zu den letzten 5 M im Muster fortfahren und mit den letzten 5 M der Häkelschrift enden.

In den Rückreihen die M entsprechend von links nach rechts lesen.

1x die 1. – 75. (83./91.) Reihe arbeiten, dabei je nach Größe die blau (schwarz/grau) bezeichneten Reihen arbeiten.

Noppe (= 5er-Büschelm): [1 Umschlag, die Nadel in die M einstechen, den Faden holen und die Schlinge hochziehen] 5x, den Faden holen und durch 10 Schlingen ziehen, den Faden holen und durch die letzten beiden Schlingen ziehen.

Maschenprobe:

Lochmusterstreifen und feste M: 23 Maschen x 15 Reihen = 10 cm x 10 cm.

So wird's gemacht:

Das Top wird von einer Seite zur anderen quergehäkelt, die erste Reihe wird dabei für eine besonders elastische Kante als feste M mit Fußschlingen (siehe Seite 10) gearbeitet. Tipp: Es ist hilfreich, die Angaben der gewünschten Größe farbig zu markieren.

Vorderteil
128 feste M mit Fußschlinge anschlagen und 1x die 1. – 75. (83./91.) Reihe nach Häkelschrift arbeiten. Dabei darauf achten, für **Größe 36/38** die blau bezeichneten Reihen zu arbeiten, für **Größe 40/42** die schwarz bezeichneten Reihen und für **Größe 44/46** die grau bezeichneten Reihen. Dann die Arbeit beenden.

Rückenteil
Für die **rechte Rückenteilhälfte**
1. Reihe (Rückreihe): 128 feste M mit Fußschlinge anschlagen.
2. Reihe (Hinreihe): 3 Wende-Luftm, Stäbchen häkeln.
3. Reihe: 1 Wende-Luftm, feste M häkeln, 2 feste M in die letzte M.
4. Reihe: 3 Wende-Luftm, Stäbchen häkeln.
Die 3. – 4. Reihe noch 9x (11x/13x) wiederholen = 138 (140/142) M.

Für den **hinteren Halsausschnitt**
23. (27./31.) Reihe (Rückreihe): 1 Wende-Luftm, bis zu den letzten 2 M feste M häkeln, 2 zusammen abgemaschte feste M.
24. (28./32.) Reihe (Hinreihe): 3 Wende-Luftm, 2 zusammen abgemaschte Stäbchen, dann Stäbchen häkeln.
Die letzten 2 Reihen noch 3x wiederholen = 130 (132/134) M.

31. (35./39). Reihe: 1 Wende-Luftm, feste M häkeln.
32. (36./40.) Reihe: 3 Wende-Luftm, Stäbchen häkeln.
33. (37./41.) Reihe: 1 Wende-Luftm, feste M häkeln.
Die letzten 2 Reihen noch 6x wiederholen.

46. (50./54.) Reihe (Hinreihe): 3 Wende-Luftm, 2 Stäbchen in die nächste M, dann Stäbchen häkeln.
47. (51./55.) Reihe (Rückreihe): 1 Wende-Luftm, feste M häkeln, 2 feste M in die letzte M.
Die letzten 2 Reihen noch 3x wiederholen = 138 (140/142) M.

Für die **linke Rückenteilhälfte**
54. (58./62.) Reihe (Hinreihe): 3 Wende-Luftm, Stäbchen häkeln.
55. (59./63.) Reihe (Rückreihe): 1 Wende-Luftm, bis zu den letzten 2 M feste M häkeln, 2 zusammen abgemaschte feste M.
56. (60./64.) Reihe (Hinreihe): 3 Wende-Luftm, Stäbchen häkeln.
Die letzten 2 Reihen noch 9x (11x/13x) wiederholen = 128 M.

75.(83./91.) Reihe: 1 Wende-Luftm, feste M häkeln. Dann die Arbeit beenden.

Fertigstellung:
Das Vorder- und Rückenteil waschen, auf die angegebenen Maße spannen und vollständig trocknen lassen. Die Schulternähte schließen. Die Seitennähte nach Schnitt bis zu den Armausschnitten schließen. Den Halsausschnitt und die Armausschnitte mit jeweils 1 Runde feste M und 1 Runde feste M ins hintere Maschenglied umhäkeln. Dann alle Fäden vernähen.

Linke Vorderteilhälfte

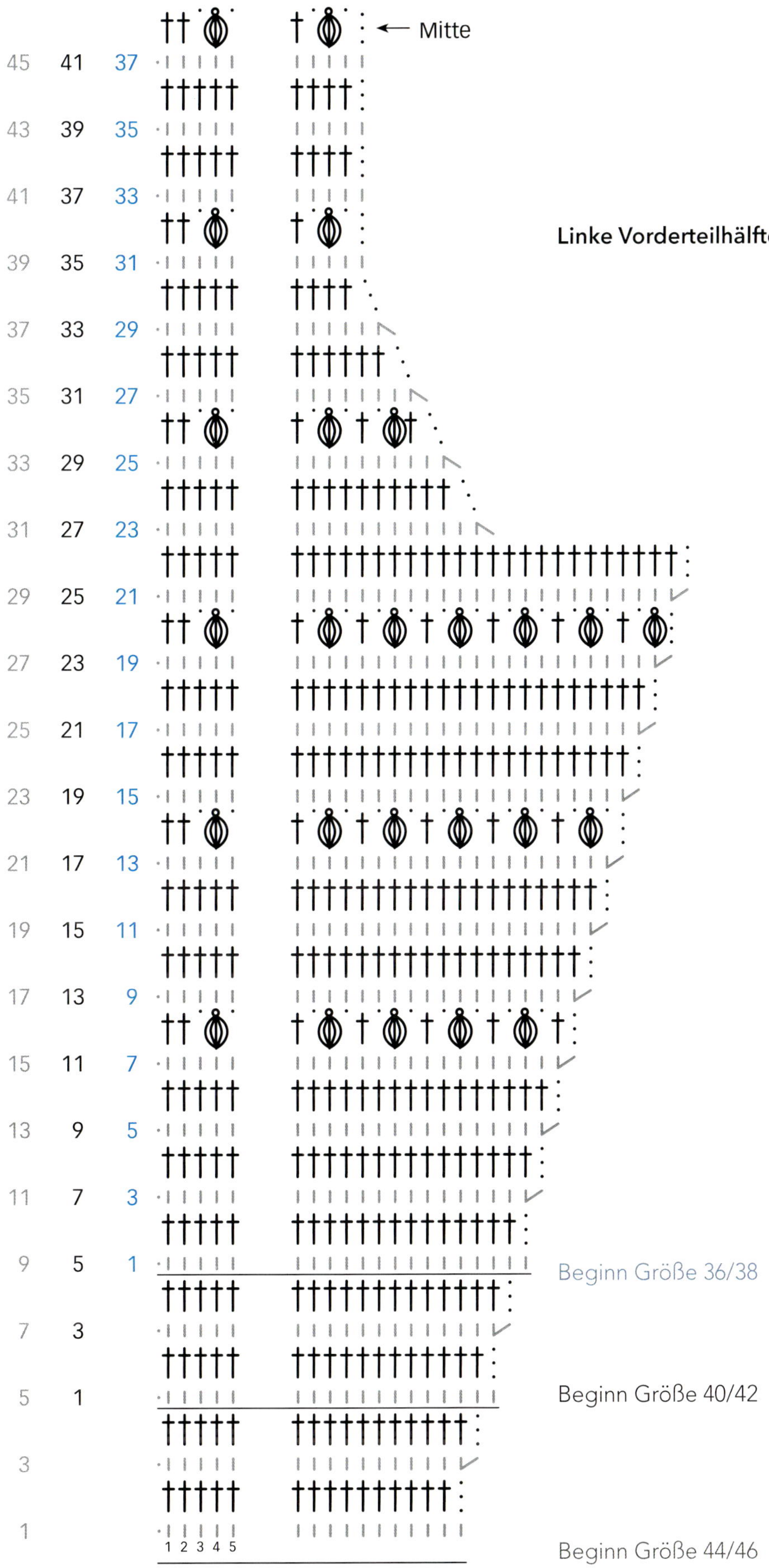

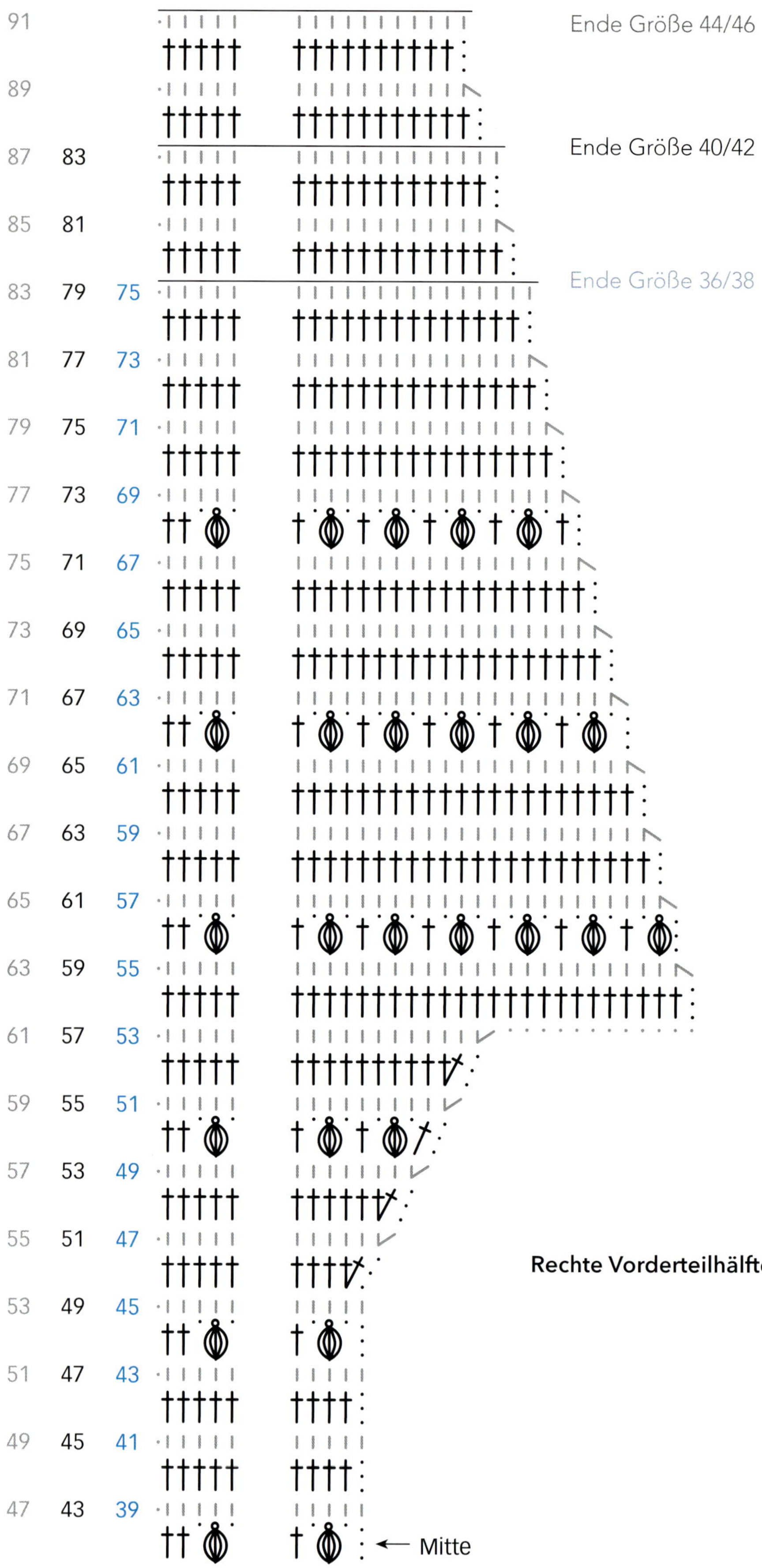

Rechte Vorderteilhälfte

Zeichenerklärung:

- · = 1 Luftmasche
- ı = 1 feste Masche
- † = 1 Stäbchen
- (Büschelmasche-Symbol) = 1 5er-Büschelmasche (= [1 Umschlag, die Nadel in die Masche einstechen, den Faden holen und die Schlinge hochziehen] 5x, den Faden holen und durch 10 Schlingen ziehen, den Faden holen und durch die letzten beiden Schlingen ziehen.)

Laufen die Zeichen unten zusammen, werden die Maschen in dieselbe Einstichstelle gearbeitet. Laufen die Zeichen oben zusammen, werden die Maschen zusammen abgemascht.

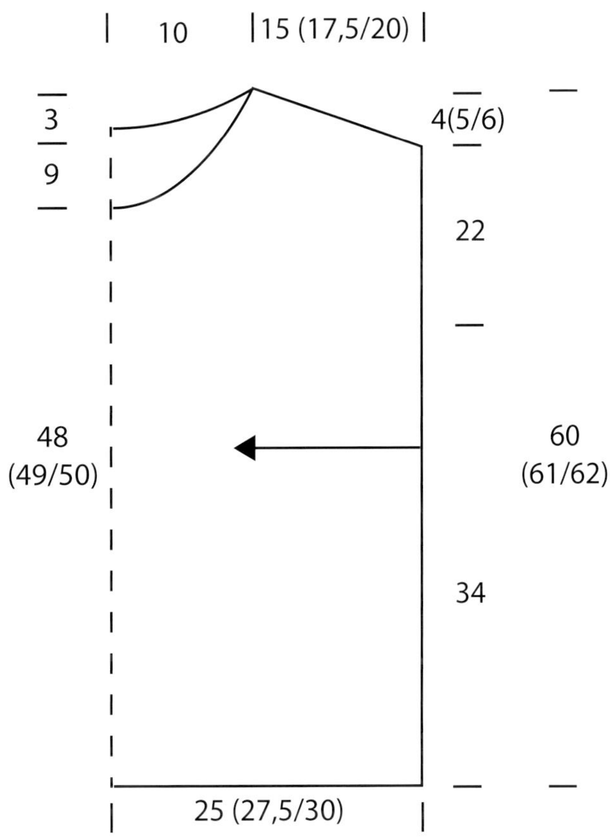

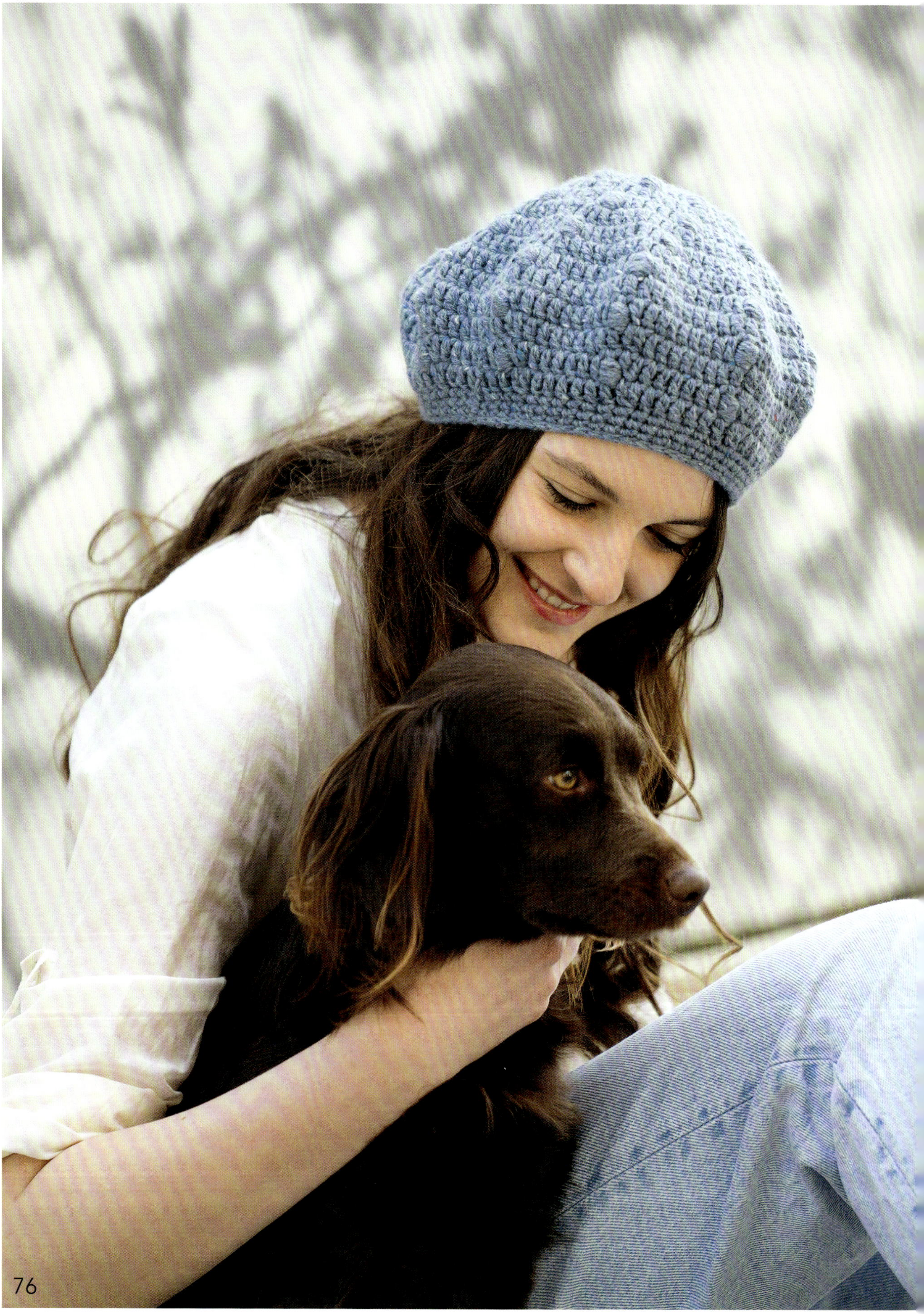

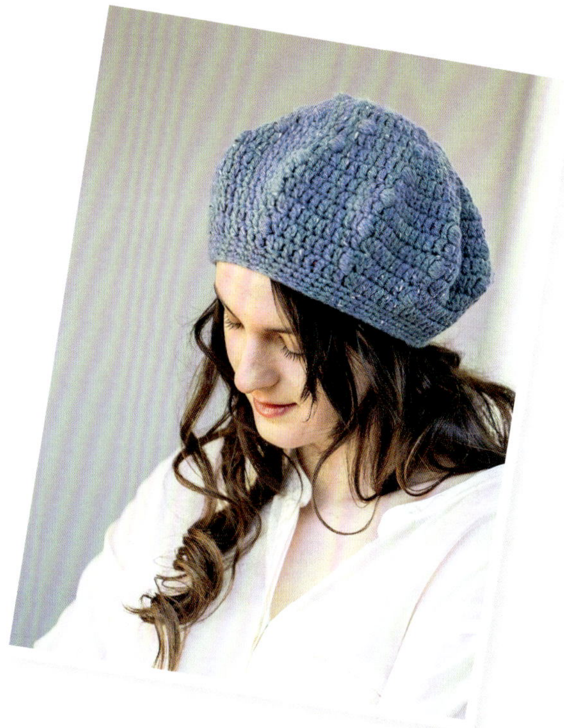

Baskenmütze

Schwierigkeitsgrad: mittel

Die waagerechten Noppen von Seite 22 sind hier in der Runde gehäkelt und zieren die Baskenmütze aus einem weichen Tweedgarn. Mit dem passenden Loop-Schal von Seite 81 aus demselben Garn ergibt sich ein tolles Set!

Größe:

Für einen Kopfumfang von 52 – 55 cm

Material:

Lamana Como Tweed (100 % Schurwolle, LL = 120 m/25 g): 75 g Eisblau (Fb 54T); Häkelnadel in 5,0 mm; Wollnadel

Muster und besondere Maschen:

Noppe (= waagerechte 4er-Büschelm):
Mit 1 Umschlag in die M einstechen, den Faden holen und durchziehen. Mit 1 Umschlag 2 Schlingen abmaschen (es sind noch 2 Schlingen auf der Nadel).

Nun [1 Umschlag, von vorne um den gerade gearbeiteten Stäbchen-Körper einstechen, den Faden holen und die Schlinge etwas hochziehen] 4x, den Faden holen und durch alle Schlingen ziehen.

Das waagerechte Noppen-Muster in Runden wird in der Anleitung mit allen Zu- und Abnahmen beschrieben.

Maschenprobe:

Doppelfädig: 13,5 Maschen x 8 Runden = 10 cm x 10 cm.

So wird's gemacht:

Die Baskenmütze wird vollständig **doppelfädig** gehäkelt.

Einen Fadenring legen und wie folgt arbeiten:

1. Runde: 3 Steige-Luftm, 14 Stäbchen in den Fadenring häkeln, 1 Kettm (= 15 Maschen).
2. Runde: 3 Steige-Luftm, 1 Stäbchen in dieselbe M, je 2 Stäbchen in alle folgenden M, 1 Kettm (= 30 Maschen).
3. Runde: 3 Steige-Luftm, 1 Stäbchen, * [1 waagerechte 4er-Büschelm, 1 Stäbchen] in die nächste M, 2 Stäbchen; ab * noch 8x wiederholen, [1 waagerechte 4er-Büschelm, 1 Stäbchen] in die nächste M, 1 Kettm (= 40 Maschen).
4. Runde: 3 Steige-Luftm, 1 Stäbchen, * 2 Stäbchen in die nächste M, 3 Stäbchen; ab * noch 8x wiederholen, 2 Stäbchen in die nächste M, 1 Stäbchen, 1 Kettm (= 50 Maschen).
5. Runde: 3 Steige-Luftm, 1 Stäbchen, * [1 waagerechte 4er-Büschelm, 1 Stäbchen] in die nächste M, 4 Stäbchen; ab * noch 8x wiederholen, [1 waagerechte 4er-Büschelm, 1 Stäbchen] in die nächste M, 2 Stäbchen, 1 Kettm (= 60 Maschen).
6. Runde: 3 Steige-Luftm, 1 Stäbchen, * 2 Stäbchen in die nächste M, 5 Stäbchen; ab * noch 8x wiederholen, 2 Stäbchen in die nächste M, 3 Stäbchen, 1 Kettm (= 70 Maschen).
7. Runde: 3 Steige-Luftm, 1 Stäbchen, * [1 waagerechte 4er-Büschelm, 1 Stäbchen] in die nächste M, 6 Stäbchen; ab * noch 8x wiederholen, [1 waagerechte 4er-Büschelm, 1 Stäbchen] in die nächste M, 4 Stäbchen, 1 Kettm (= 80 Maschen).
8. Runde: 3 Steige-Luftm, 1 Stäbchen, * 2 Stäbchen in die nächste M, 7 Stäbchen; ab * noch 8x wiederholen, 2 Stäbchen in die nächste M, 5 Stäbchen, 1 Kettm (= 90 Maschen).
9. Runde: 3 Steige-Luftm, 1 Stäbchen, * [1 waagerechte 4er-Büschelm, 1 Stäbchen] in die nächste M, 8 Stäbchen; ab * noch 8x wiederholen, [1 waagerechte 4er-Büschelm, 1 Stäbchen] in die nächste M, 6 Stäbchen, 1 Kettm (= 100 Maschen).
10. Runde: 3 Steige-Luftm, je 1 Stäbchen in alle folgenden M, 1 Kettm (= 100 Maschen).
11. Runde: 3 Steige-Luftm, 1 Stäbchen, * 1 waagerechte 4er-Büschelm, 9 Stäbchen; ab * noch 8x wiederholen, 1 waagerechte 4er-Büschelm in die nächste M, 7 Stäbchen, 1 Kettm (= 100 Maschen).
12. Runde: 3 Steige-Luftm, 2 Stäbchen, * 2 zusammen abgemaschte Stäbchen, 8 Stäbchen; ab * noch 8x wiederholen, 2 zusammen abgemaschte Stäbchen, 5 Stäbchen, 1 Kettm (= 90 Maschen).
13. Runde: 3 Steige-Luftm, 1 Stäbchen, * 1 waagerechte 4er-Büschelm, 2 zusammen abgemaschte Stäbchen, 6 Stäbchen; ab * noch 8x wiederholen, 1 waagerechte 4er-Büschelm, 2 zusammen abgemaschte Stäbchen, 4 Stäbchen, 1 Kettm (= 80 Maschen).
14. Runde: 3 Steige-Luftm, 2 Stäbchen, * 2 zusammen abgemaschte Stäbchen, 6 Stäbchen; ab * noch 8x wiederholen, 2 zusammen abgemaschte Stäbchen, 3 Stäbchen, 1 Kettm (= 70 Maschen).
15. - 17. Runde: 1 Steige-Luftm, je 1 feste M in alle folgenden M, 1 Kettm.
18. Runde: 1 Steige-Luftm, je 1 Kettm in alle folgenden M.

Fertigstellung:

Alle Fäden vernähen. Die Mütze waschen, gut in einem Handtuch ausdrücken und über einem Speiseteller trocknen lassen. Dadurch bekommt sie eine schöne Baskenform.

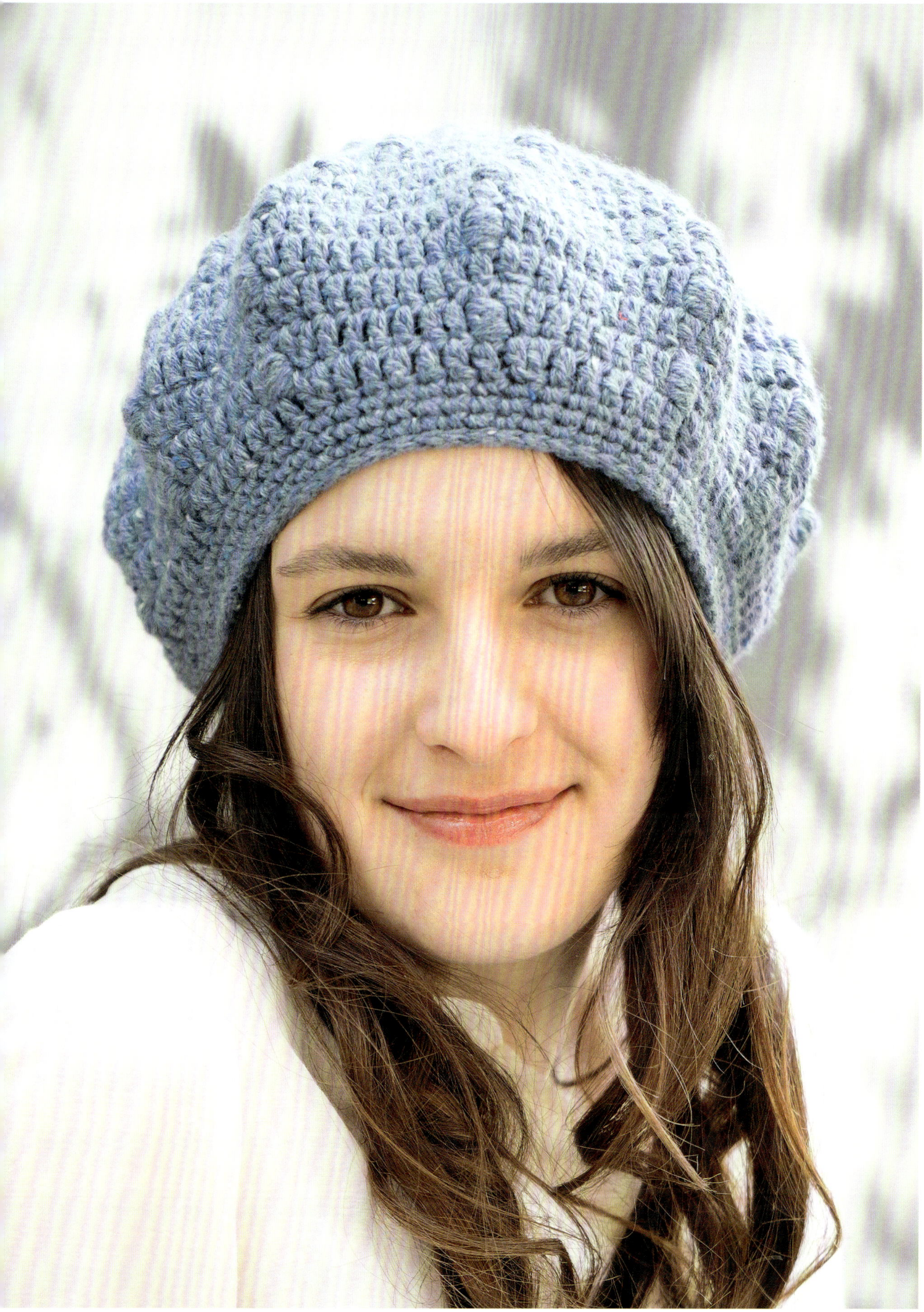

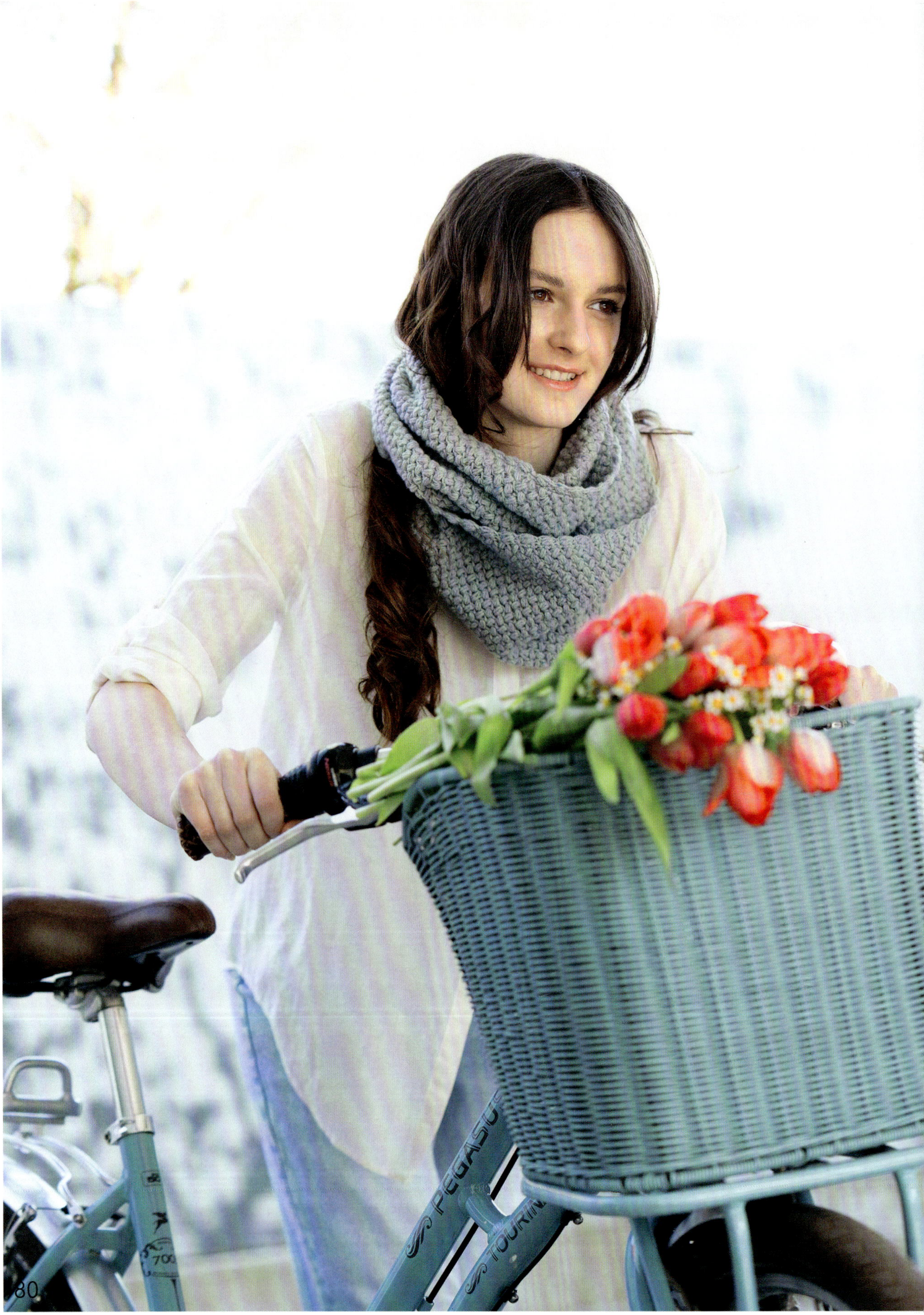

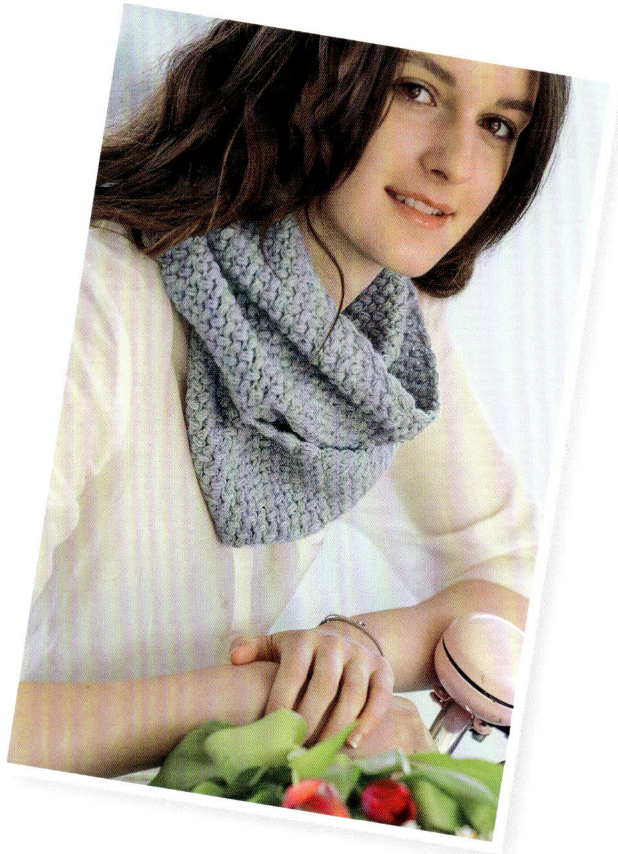

Loop

Schwierigkeitsgrad: mittel

Der Loop im Bohnenmuster von Seite 24 ist ein wahres Unisex-Modell. Ob unter der Jacke oder zum Shirt, er macht in jeder Situation eine gute Figur.

Größe:
138 cm Umfang, 21 cm Höhe

Material:
Lamana Como Tweed (100 % Schurwolle, LL = 120 m/25 g): 150 g Hellgrau (Fb 42T); Häkelnadel in 3,5 mm; Wollnadel

Muster und besondere Maschen:
3er-Büschelmasche:
In die M einstechen, den Faden holen, durchziehen und die Schlinge etwas hochziehen. Dann [1 Umschlag, in dieselbe Masche einstechen, den Faden holen, durchziehen und die Schlinge etwas hochziehen] 2x, den Faden holen und durch alle Schlingen ziehen.

Das **Bohnenmuster in Runden** und die **Noppenborte** werden in der Anleitung beschrieben

Maschenprobe:
17 Maschen x 15 Runden = 10 cm x 10 cm.

So wird's gemacht:

234 Luftm und zusätzlich 1 Wende-Luftm anschlagen.

Aufbaurunde (Rückrunde): 1 feste M in die 2. M ab Nadel und feste M in alle folgenden M häkeln, mit 1 Kettm in die erste feste M zur Runde schließen. Ab hier beginnt das Bohnenmuster. Es wird in gewendeten Runden gearbeitet.

1. Runde (Hinrunde): 2 Steige-Luftm, wenden, 1 3er-Büschelm in die erste M, * 1 Luftm, 1 M überspringen, 1 3er-Büschelm in die nächste M; ab * stets wiederholen, 1 Kettm in die erste Büschelm.
2. Runde (und alle folgenden Hin- und Rückrunden): 2 Steige-Luftm, wenden, 1 3er-Büschelm in die kleine Lücke vor der ersten Büschelm der Vorrunde, * 1 Luftm, 1 3er-Büschelm in die kleine Lücke vor der nächsten Büschelm der Vorrunde; ab * stets wiederholen, 1 Kettm in die erste Büschelm.

Die 1. – 2. Runde 1x arbeiten, dann die 2. Runde noch 29x in Hin- und Rückrunden wiederholen.

Abschlussrunde (Rückrunde): 1 Steige-Luftm, 1 feste M in die erste M und in bzw. um alle folgenden M der Vorrunde, 1 Kettm in die erste M.

Die Arbeit wenden und direkt an die Abschlussrunde die erste Noppenborte häkeln.

Noppenborte: 1 Steige-Luftm, * 1 feste M, die Arbeitsschlinge langziehen, [1 Umschlag, in die gleiche M einstechen, Faden holen und die Schlinge langziehen] 3x, den Faden holen und durch alle Schlingen ziehen, 2 M überspringen; ab * stets wiederholen, 1 Kettm in die erste M. Dann den Faden abschneiden.

Mit der Vorderseite nach oben den Faden an der Aufbaurunde neu anschlingen und an diese Kante die Noppenborte in der gleichen Weise häkeln.

Fertigstellung:

Alle Fäden vernähen. Den Loop waschen und flach liegend trocknen lassen.

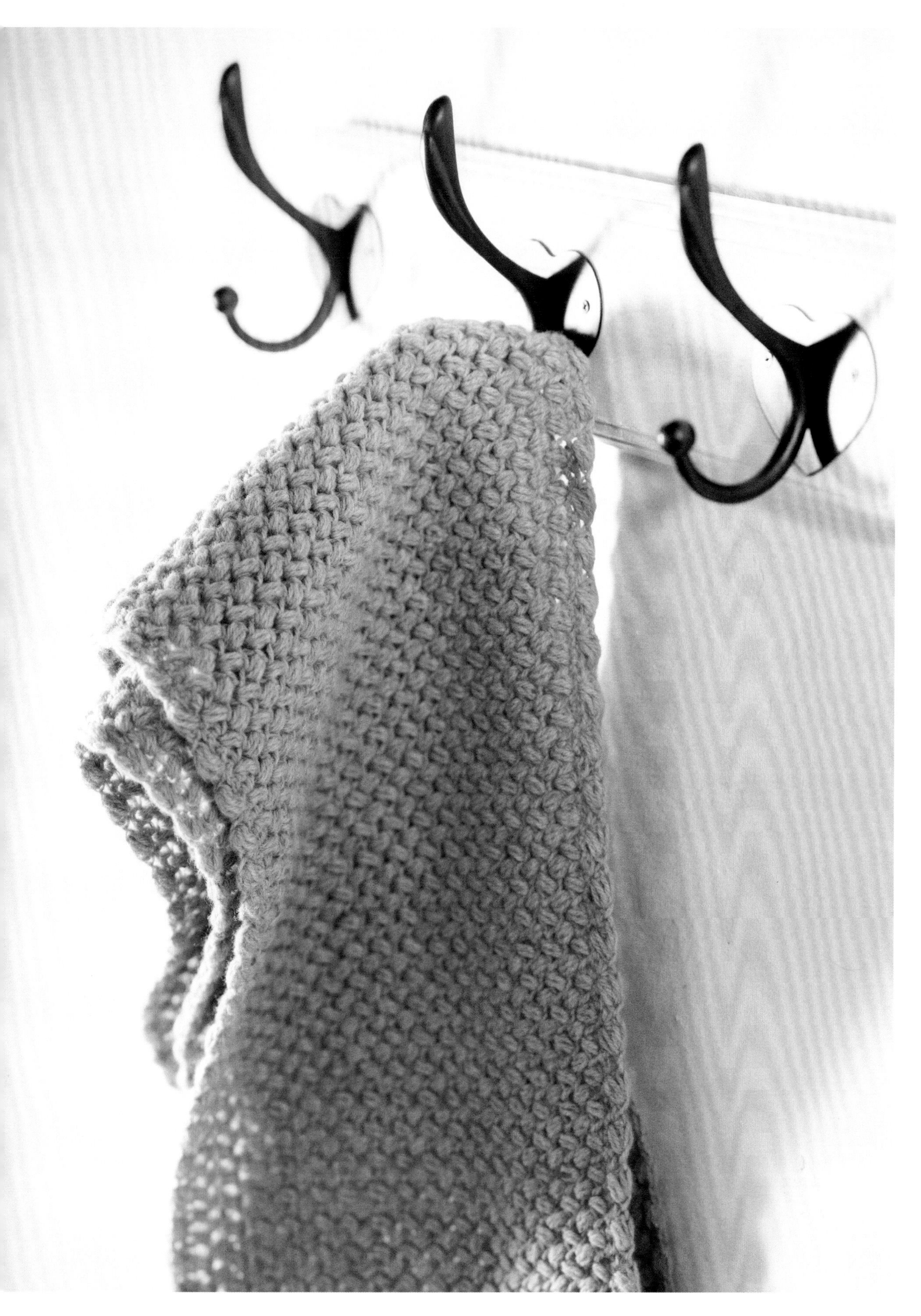

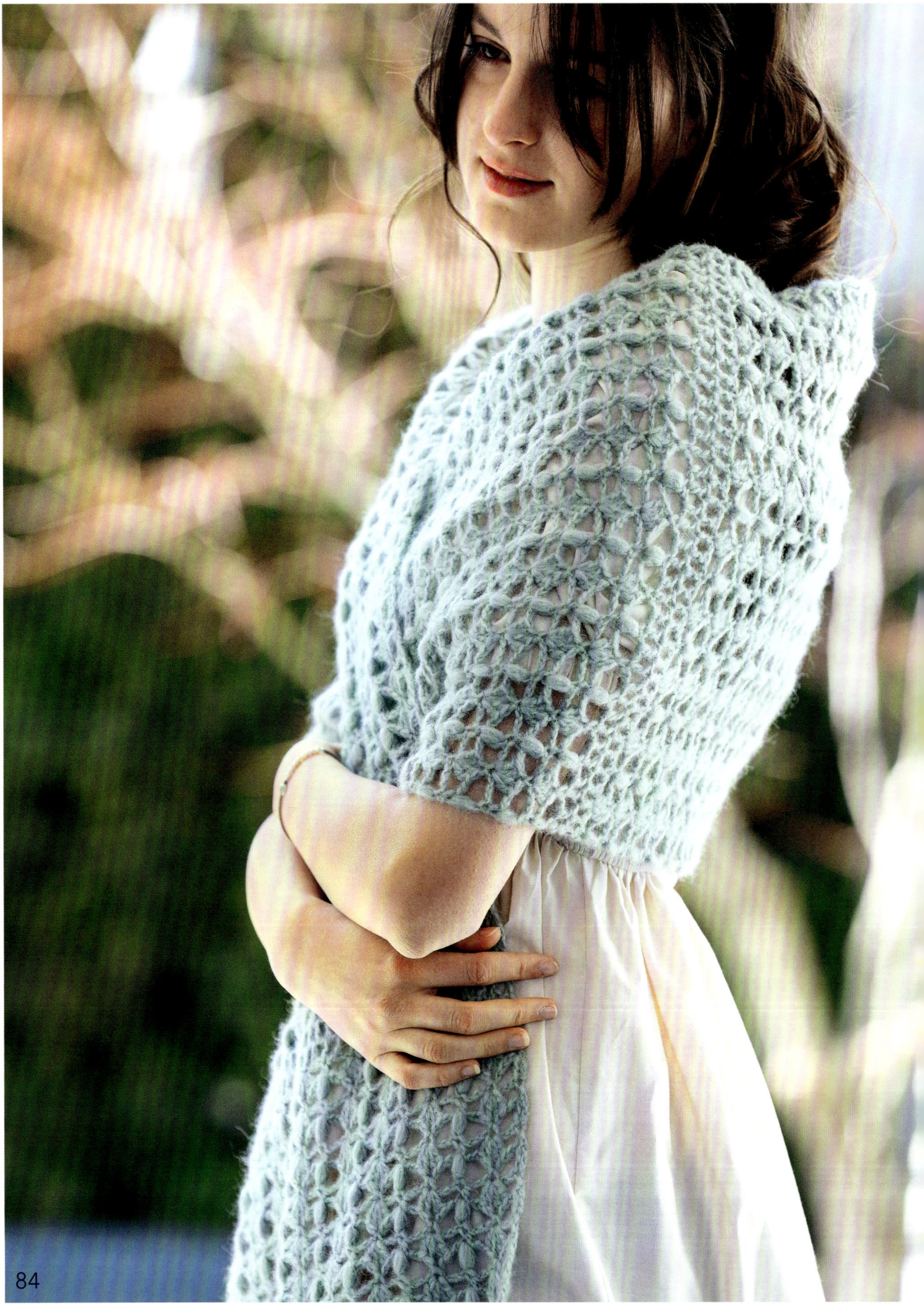

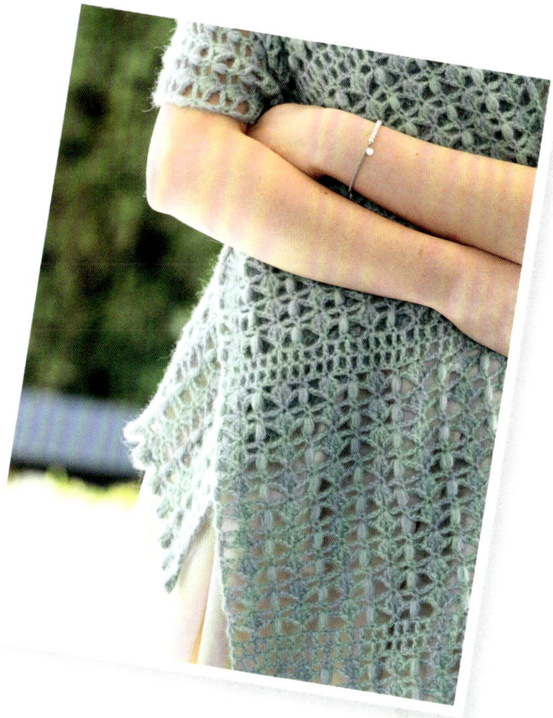

Schal

Schwierigkeitsgrad: mittel

Ein romantischer Schal mit Kuschelfaktor – so würde ich dieses Prachtstück bezeichnen. Das Lacemuster „Perlen und Muscheln"von Seite 26 wird hier von Reihen im Filetmuster aufgelockert und ist einfacher zu häkeln, als es aussieht. Die hübsche Bommelborte unterstützt den verspielten Charakter des Schals.

Größe:

200 cm x 40 cm

Material:

Lang Yarns Malou light (72 % Alpaka, 16 % Polyamid, 12 % Wolle, LL = 190 m/50 g): 250 g Salbei (Fb 92); Häkelnadel in 5,0 mm; Wollnadel

Muster und besondere Maschen:

Perlen und Muscheln:
Maschenzahl teilbar durch 8 + 1 M + 1 Wende-Luftm. Nach Häkelschrift arbeiten. Es sind Hin- und Rückreihen notiert. [3 Wende-Luftm und 1 Stäbchen] ersetzen stets die erste 2er-Büschelm.

In den Hinreihen mit den M vor dem rechten Pfeil beginnen, den Rapport zwischen den Pfeilen stets wiederholen und mit den M nach dem linkten Pfeil enden.
In den Rückreihen die M entsprechend von links nach rechts lesen.
Die 1. – 4. Reihe 1x arbeiten, dann die 3. – 4. Reihe noch 7x wiederholen und anschließend die 19. – 20. Reihe arbeiten = 20 Reihen. Diese 20 Reihen stets wiederholen.

Noppe (= 4er-Büschelmasche): [1 Umschlag, in die M einstechen, den Faden holen, die Schlinge hochziehen] 4x, den Faden holen und durch 8 Schlingen ziehen, den Faden holen und durch die letzten beiden Schlingen ziehen.

Halbe Noppe (= 2er-Büschelmasche): [1 Umschlag, in die M einstechen, den Faden holen, die Schlinge hochziehen] 2x, den Faden holen und durch 4 Schlingen ziehen, den Faden holen und durch die letzten beiden Schlingen ziehen.

Maschenprobe:

18,5 Maschen x 9 Reihen = 10 cm x 10 cm.

So wird's gemacht:

Der Schal wird von einer schmalen Seite zur anderen in Reihen gearbeitet.

73 Luftm und zusätzlich 1 Wende-Luftm anschlagen und 178 Reihen nach Häkelschrift arbeiten, dabei die 1. – 20. Reihe insgesamt 8x arbeiten, dann die 1. – 18. Reihen noch 1x wiederholen. Dann die Arbeit beenden.

Fertigstellung:

Mit der Vorderseite nach oben den Faden an der ersten M der schmalen Seite neu anschlingen und die Borte nach Häkelschrift arbeiten. Die Borte ebenso an die gegenüberliegende schmale Seite häkeln.

Alle Fäden vernähen. Den Schal waschen und leicht gespannt vollständig trocknen lassen.

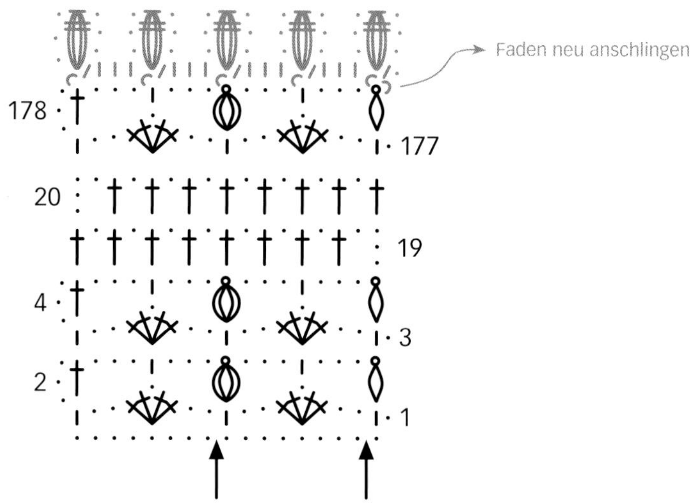

Zeichenerklärung:

- • = 1 Luftmasche
- ⌒ = 1 Kettmasche
- I = 1 feste Masche
- † = 1 Stäbchen
- = 1 2er-Büschelmasche (= [1 Umschlag, in die Masche einstechen, den Faden holen, die Schlinge hochziehen] 2x, den Faden holen und durch 4 Schlingen ziehen, den Faden holen und durch die letzten beiden Schlingen ziehen.)
- = 1 4er-Büschelmasche (= [1 Umschlag, in die Masche einstechen, den Faden holen, die Schlinge hochziehen] 4x, den Faden holen und durch 8 Schlingen ziehen, den Faden holen und durch die letzten beiden Schlingen ziehen.)
- = 4 zusammen abgemaschte Doppelstäbchen in dieselbe Einstichstelle

Laufen die Zeichen unten zusammen, werden die Maschen in dieselbe Einstichstelle gearbeitet.

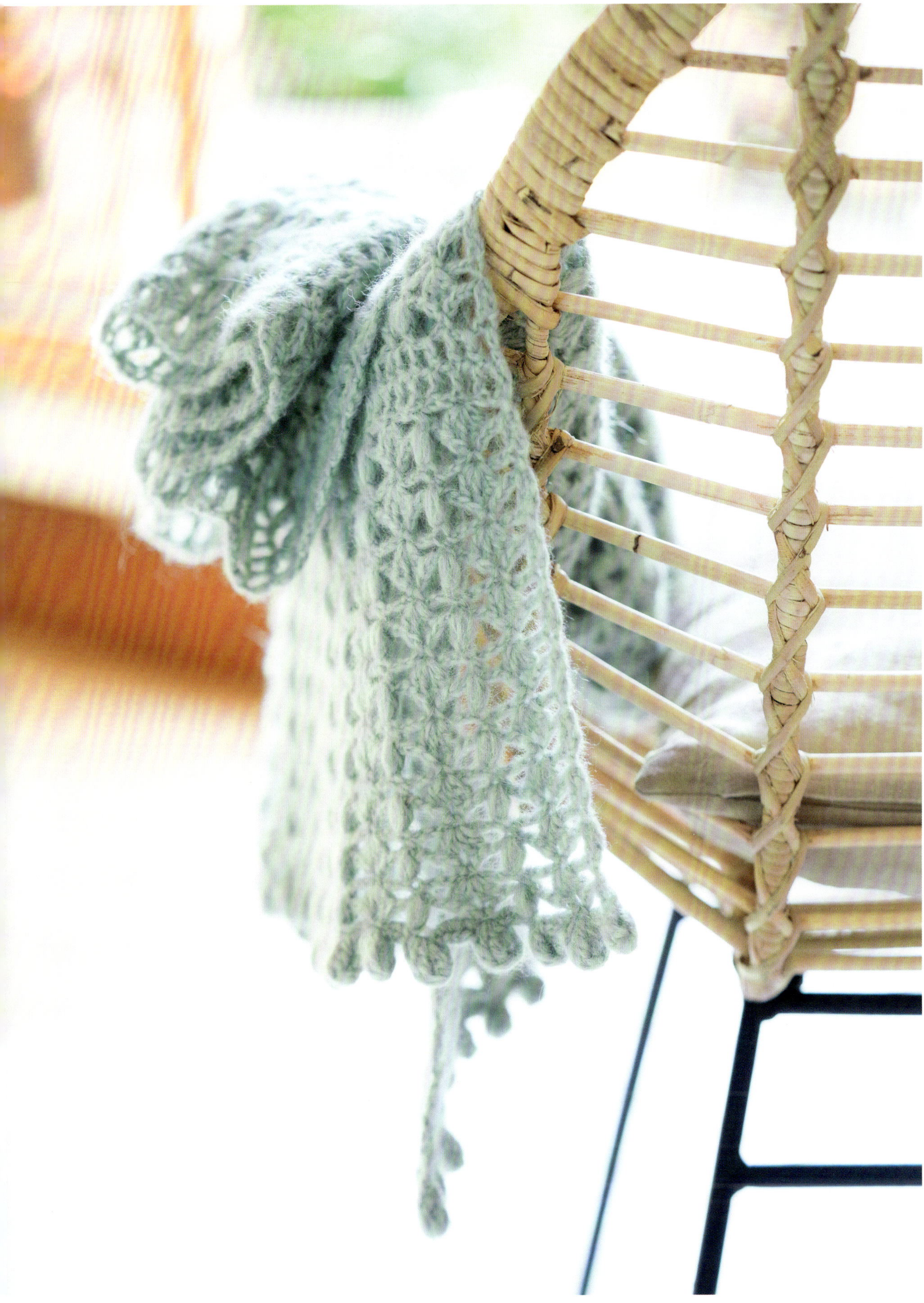

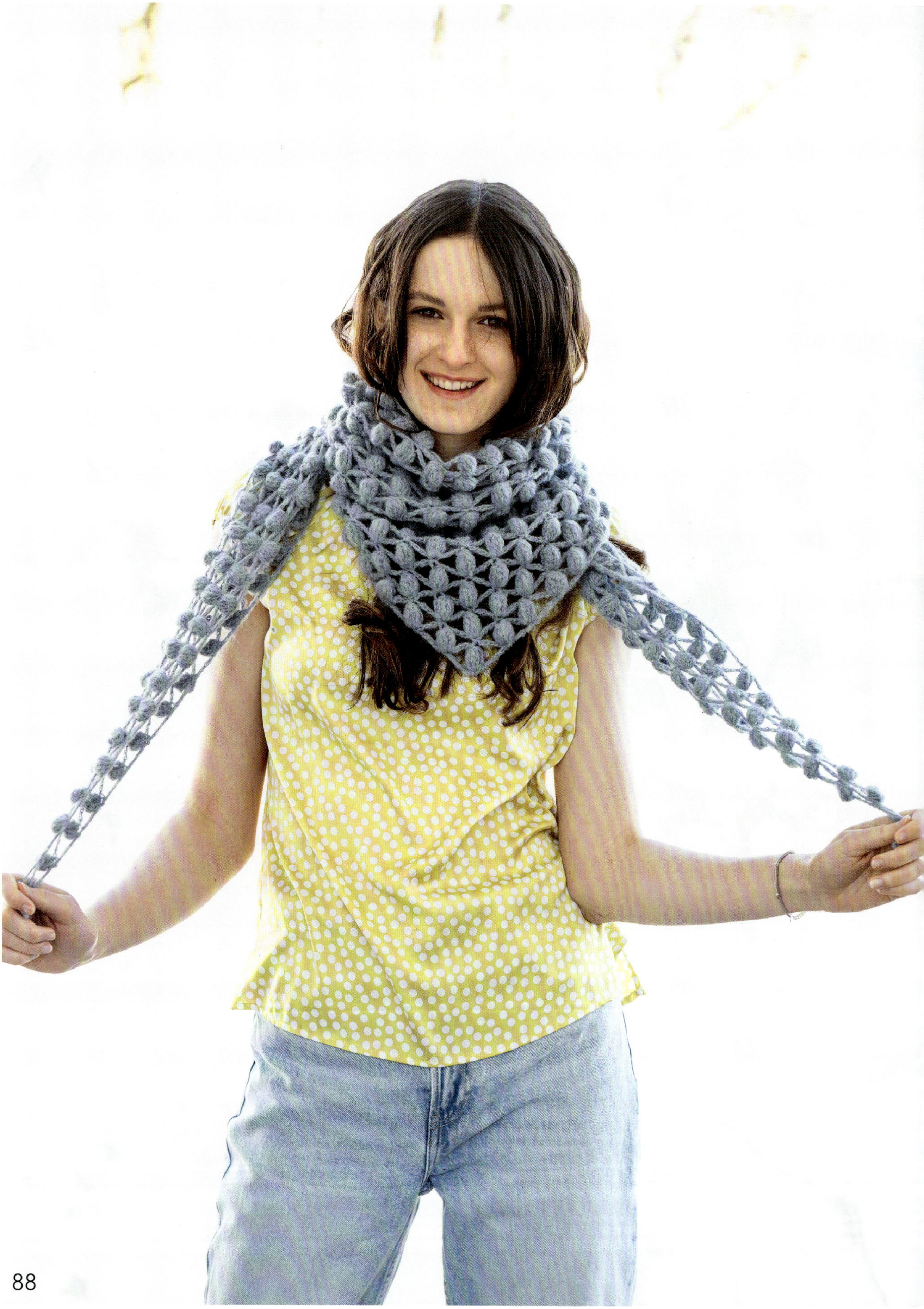

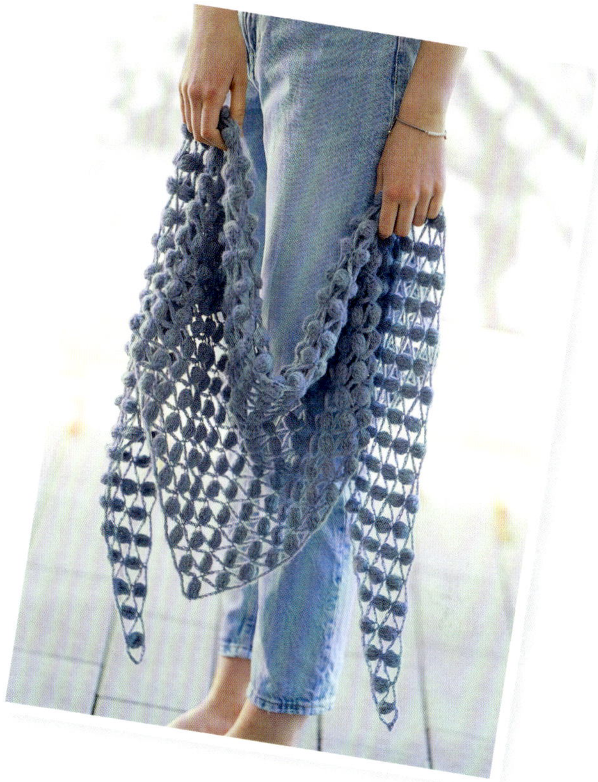

Dreieckstuch

Schwierigkeitsgrad: mittel

Das flauschige Dreieckstuch ist trotz des voluminösen Rautennetzmusters von Seite 28 ein echtes Leichtgewicht und hält dabei angenehm warm.

Größe:

195 cm x 48 cm

Material:

Lang Yarns Alpaca Superlight (54 % Alpaka, 24 % Polyamid, 22 % Wolle, LL = 199 m/25 g): 150 g Jeans (Fb 33); Häkelnadel in 5,0 mm; Wollnadel

Muster und besondere Maschen:

Noppe:

6 zusammen abgemaschte Doppelstäbchen in dieselbe Einstichstelle. Noppen, die sich auf die Rückseite wölben, mit dem Finger zur Vorderseite hin umstülpen.

Maschenprobe:

Doppelfädig: 1,5 Mustersätze x 7 Reihen = 10 cm x 10 cm.

So wird's gemacht:

Das Dreieckstuch wird **doppelfädig** von der unteren Spitze zur oberen Halskante gehäkelt. Beim Abmaschen der Noppen den Faden fest anziehen und mit dem Finger die Noppe stets zur Vorderseite ausstülpen.

6 Luftm und zusätzlich 1 Wende-Luftm anschlagen.

1. Reihe (Hinreihe): 1 feste M in die 2. M ab Nadel, 4 Luftm, [1 Noppe, 4 Luftm, 1 Dreifach-Stäbchen] in die erste Luftm.
2. Reihe (Rückreihe): 6 Luftm, 1 feste M in die 2. M, 4 Luftm, 1 Noppe in das Dreifach-Stäbchen der Vorreihe, 4 Luftm, 1 feste M in die Noppe der Vorreihe, 4 Luftm, [1 Noppe, 4 Luftm, 1 Dreifach-Stäbchen] in die feste M der Vorreihe.
3. Reihe (und alle folgenden Hin- und Rückreihen): 6 Luftm, 1 feste M in die 2. M, 4 Luftm, 1 Noppe in das Dreifach-Stäbchen der Vorreihe, * 4 Luftm, 1 feste M in die nächste Noppe der Vorreihe, 4 Luftm, 1 Noppe in die nächste feste M der Vorreihe; ab * stets wiederholen, 4 Luftm, 1 feste M in die nächste Noppe der Vorreihe, 4 Luftm, [1 Noppe, 4 Luftm, 1 Dreifach-Stäbchen] in die letzte feste M der Vorreihe.

Die 1. – 3. Reihe 1x arbeiten, dann alle weiteren Hin- und Rückreihen wie die 3. Reihe arbeiten.

Nach insgesamt 31 Reihen Arbeit beenden.

Fertigstellung:

Alle Fäden vernähen. Das Tuch waschen und flach liegend trocknen lassen.

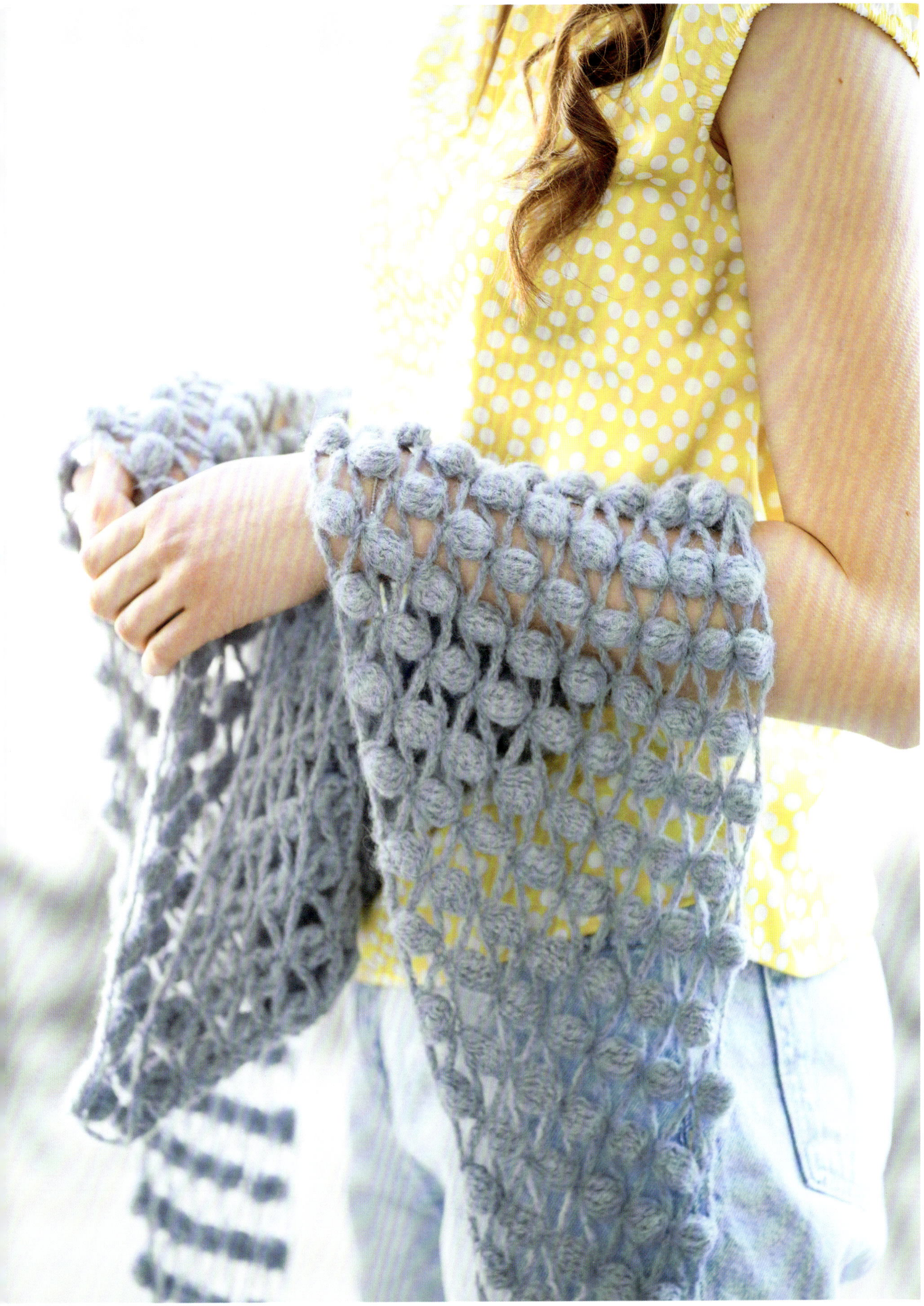

Impressum

Autorin: Eva Winckler
Redaktion: Maria Möllenkamp
Fotos & Styling: Anne Schulz
Projektmanagement und Lektorat:
Stephanie van der Linden
Layout-Konzept und Satz: Ina Mielkau
Korrektorat: Anna Maier
Häkelschriften: Sabine Schidelko
Umschlaggestaltung: Andreas Kersten
Repro: LUDWIG:media
Herstellung: Kathleen Baumann
Printed by C&C Offset Printing

★★★★★

Sind Sie mit diesem Titel zufrieden? Dann würden wir uns über Ihre Weiterempfehlung freuen. Erzählen Sie es im Freundeskreis, berichten Sie Ihrem Buchhändler oder bewerten Sie beim Onlinekauf.
Und wenn Sie Kritik, Korrekturen oder Aktualisierungen haben, freuen wir uns über Ihre Nachricht an Christophorus Verlag, Postfach 40 02 09, 80702 München oder per E-Mail an lektorat@verlagshaus.de.

Unser komplettes Programm finden Sie unter

www.christophorus-verlag.de

Ich bedanke mich ganz besonders bei Ariane Bott (KreativHotelB & ArianeB) und ihrer Mitarbeiterin für die Anfertigung der schönen Taschenfutter und die dazugehörigen Anleitungen fürs Nähen.

Wir danken folgenden Herstellern & Sponsoren:
Lana Grossa, https://www.lana-grossa.de; Lang Yarns, https://www.langyarns.com;
Lamana, https://www.lamana.de;
Schachenmayr, https://www.schachenmayr.com/de;
Buttinette, http://www.buttinette.de;
Prym, https://www.prym.de

Die Deutsche Nationalbibliothek verzeichnet diese Publikation in der Deutschen Nationalbibliografie; detaillierte bibliografische Daten sind im Internet über http://dnb.de abrufbar.

ISBN 978-3-8410-6688-6

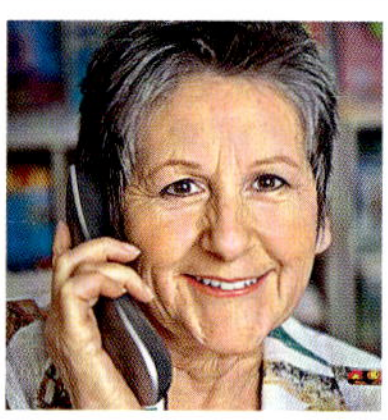

Kreativ-Service

Sie haben Fragen zu den Büchern und Materialien? Frau Erika Noll ist für Sie da und berät Sie rund um alle Kreativthemen. Rufen Sie an! Wir interessieren uns auch für Ihre eigenen Ideen und Anregungen. Sie erreichen Frau Noll per E-Mail: kreativ-service@c-verlag.de oder Tel.: +49 (0) 89-13 06 99-577.

Besuchen Sie uns im Internet: www.christophorus-verlag.de & www.selbstgemacht.de

Ebenfalls erhältlich ...

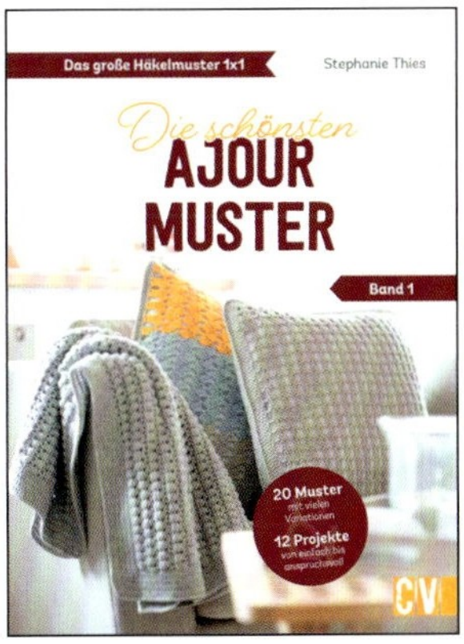

ISBN 978-3-8410-6686-2

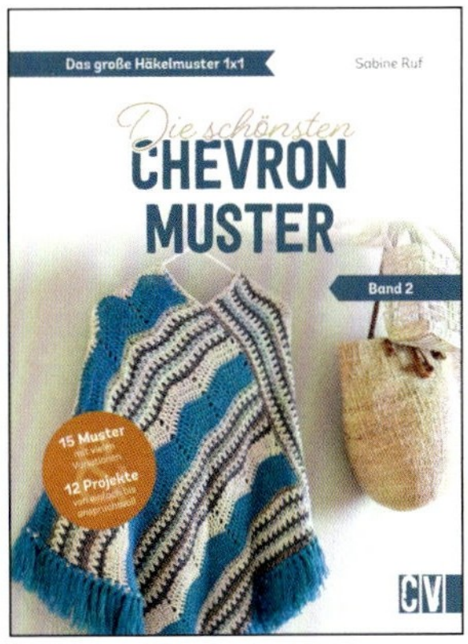

ISBN 978-3-8410-6687-9

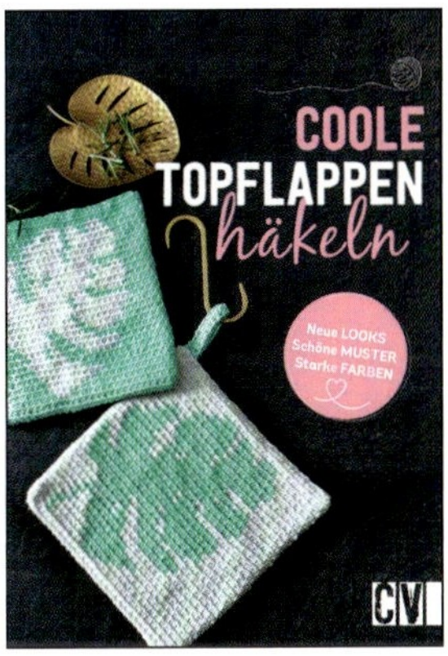

ISBN 978-3-8410-6705-0

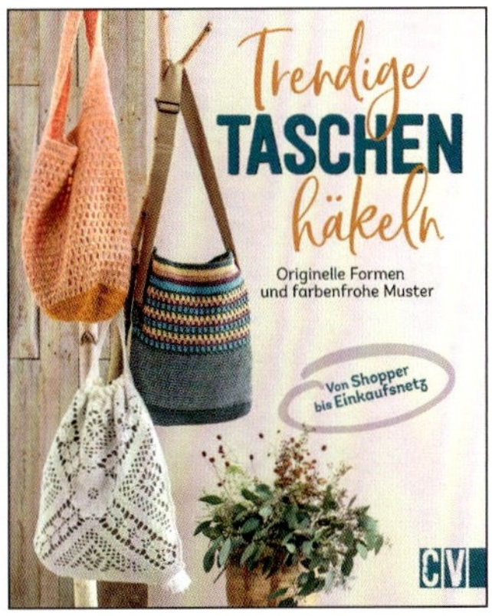

ISBN 978-3-8410-6685-5

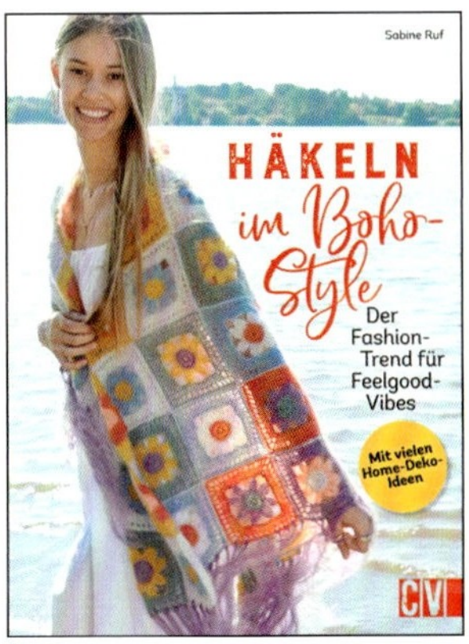

ISBN 978-3-8410-6682-4

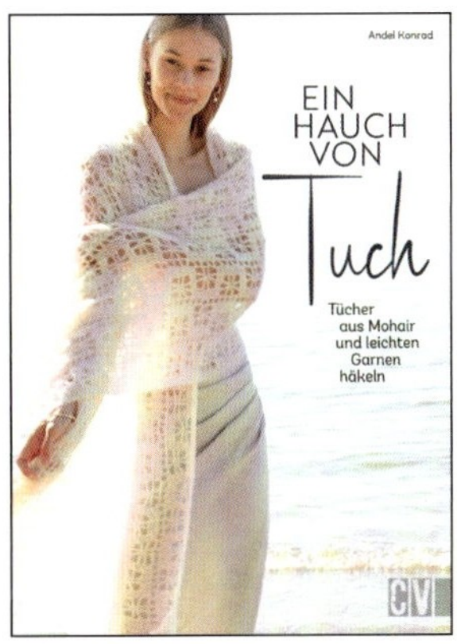

ISBN 978-3-8410-6708-1